読みなおす日本史

日本の国号

岩橋小弥太

吉川弘文館

序文

人々は事物の起源を穿鑿することにひどく興味を感じるものであるが、ことさらにわたしたちの国の名ということについては、誰でも特別に深い関心をもたないではいないのである。それ故千年ものの昔から、多くの学者はそれについていろいろ説を立て、今日に至ってもなお盛んに議論せられているのである。国の名の研究といっても決して簡単ではなく、われわれの国の名だと考えられていたものもかなりたくさんあり、それがそれぞれどういう意味があって、またどういう風に使われてきたか、国号論の内容も甚だ複雑なのである。私は私の大学で歴史地理学を講ずる時に、其の一節として国号のことも論じてきたが、数回繰返している間に、次第に其の内容も大きくなり、遂には一年がかりで国号論を講じたのである。私等の大学に大学院というものができて、そこでもまた此の講義をした。私もだんだん老齢になって、もはや学校生活もできなくなってきたので、人の奨めもあり、其の形見として、其の講義を纏めて、書物として数冊世に披露したのであるが、此の国号論もそういう形見の一つであって、今度また機会に恵まれてそれを世に出すことになったのである。ただこういう問題は、世間の人々は誰でも等しく興味を抱くことであろうし、私もまたなるべく広く読んで頂きたいと思って、姿勢を低くし、文章を和げたつもりであるが、それでも昔の学者の名や書物の名がやたらに出てくるので、読者は定めて迷惑に感ぜられることであろう。しかし学問というものは、研究を積み重ねて次第に進歩するものであり、国号論も其の沿革の跡を辿って眺めなければならないものであろうと思う。殊に此の一冊は学校で学生対手に話したものを纏めたのであるから、こういう姿になるのも止むを得なかったのである。願わくは、故人の説々を追って、どういう所に問題があるのかを明らかにし、そして私どもの国の名を正しく理解して頂きたいと思うのである。

昭和四十五年九月

岩橋小彌太

目次

序　文……三
一、国号のいろいろ……七
二、葦原の中つ国　葦原の水穂の国……一九
三、秋津島……二八
四、敷島……三九
五、大八洲国……四八
六、やまと……五七
七、倭……七四
八、倭奴国……八三
九、倭面国……八九

一〇、邪馬臺国……九二
一一、日本　ひのもと……一一九
日本という国号の意味、その起源……一一九
ひのもと……一六五
大日本……一六八
にっぽん、にほん……一七〇
日域……一七六
日東……一七八
ジァパン……一八〇
後記……一八二
『日本の国号』を読む　湯山賢一……一八三

一、国号のいろいろ

わが国の国号は日本である。これは人々の間にあまねく知れわたっていることでもあり、また誰も疑うものはないのである。しかしそういうことはそれほど古いことではなく、その以前にはやまとといったこともあり、あるいは大八洲《おおやしま》といったこともある。しかもこれは同時に併わせて用いられていたのである。あるいは葦原《あしはら》の中《なか》つ国《くに》とか敷島《しきしま》とか秋津島《あきつしま》とかいう名もあり、それも国号だったといい、またシナ人からは倭と呼ばれ、あるいは倭奴国、邪馬臺国などといわれたともいう。こういう国号あるいは国号らしいものは甚だ多く、学者が数え上げたものは、かれこれ五十ばかりもあるようである。こんなにたくさん国号があるのは甚だおかしいので、中には異称とか雅名とかいうものもあるだろうが、多くは学者が考え違いして国名に数えたものである。シナは元来その国土を呼ぶ正式の名称は無かったということであるが、それでもシナ人はその国を禹域《ういき》といったり、赤県神州《せきけんしんしゅう》といったりする。シナというのはインドの人が名づけたものだという。隣りの朝鮮の新羅《しらぎ》はその国をまた鶏林《けいりん》ともいう。こういう異称とか雅名とかいうものは、おそらくどこの国でも必ずあるのだろうと思うが、五十もあるわが国の名はことごとくこの異称とか雅名とかいわれるものであろうか。それにしてもわが国はその異称や雅名らしいものがあまりに多過ぎる。その多くは異称とも雅名ともいうに当らないものであり、また出所も明らかでなく、確かな用例の一つも見当らないものもある。あるいは多少の用例らしいものがあっても、昔の学者の考え違いで国号としたものもあって、これはも少し整理しなければならない。

わが国の国号の研究はかなり早くから行なわれていた。それは古典の研究に付随して興っている。わが古典のうちでも甚だ古い日本書紀には神代以来の国号らしいものが多く見えているうえに、その書名にも日本という国号を冠しているので、この書を注釈したものには、必ずこの国号の問題に触れているのである。日本書紀はその撰上以来、朝廷から最も尊重せられたので、朝廷を始め、世々の学者のそれを研究したものが甚だ多く遺っている。その撰上の翌年すなわち養老五年（七二一）からすでに朝廷でこの書の講筵を開かれたという。それから弘仁三年（八一二）、承和十年（八四三）、元慶三年（八七九）、延喜四年（九〇四）、承平六年（九三六）、康保二年（九六五）等の数度、朝廷での講筵があり、その博士の講義を筆記したものを私記《しき》というが、今日では日本紀私記というものが四種ばかり遺っておって、そのうち弘仁私記、承和私記といわれるものは、果して弘仁、承和のものかどうかも確かでなく、あるいは真偽をすら疑われているけれども、承平私記一巻は確かに間違いのないものであり、それは僅かに開題の部分の残巻であるが、それでも国号の問題には丁寧に言及している。鎌倉時代の中ごろにできた日本書紀の研究書、卜部兼方《うらべのかねかた》の釈日本紀には、元慶、延喜、承平の私記を引用しており、元慶の時の博士は善淵愛成《よしぶちのなるちか》、延喜の博士は藤原春海《はるみ》、承平の博士は矢田部公望《やたべのきんもち》であるが、その説くところはいずれも主として古い伝統を承けたもののようであり、それによって、古い国号説が窺われる。釈日本紀が出るまでにも公私の日本書紀研究は少なくなかったようであるが、その結果の遺されているものはあまり多くない。釈日本紀には今も述べたように、古い私記などの説を多く引用しているばかりではなく、著者兼方およびその父兼文の国号説も詳しく見えている。南北朝時代になると忌部正通《いんべのまさみち》の神代巻口訣《じんだいのまきくけつ》、室町時代になると一条兼良《かねら》の日本紀纂疏、吉田兼倶《かねとも》および清原宣賢《のぶかた》の神代紀抄などがあり、このころでは神祇の書として、日本書紀三十巻のうち神代紀すなわち第一、二の両巻を主として取り扱ったもので、その国号の説にも多分に宗教的な色彩が濃くなってきた。仏氏の手に成った日本書紀研究書では伝通院の聖冏《しょうげい》の日本書紀私鈔、良遍の日本紀聞書などがあるが、これらに見える国号説は煩瑣な中世的で、あまり重要なものではない。

古今和歌集には、その仮名序の始めに、「やまと歌は人の心を種として」とあるので、この書の注釈には多少ともやまと、すなわち国号の問題に触れている。鎌倉時代の初頭に書かれた顕昭の古今集序注にも、その末ごろにできた北畠親房の同じ名の書にも、この問題を取り上げ、ことに親房の書には甚だ詳しい説がある。同じ人の神皇正統記は史籍で、古今集の注ではないが、さらに詳細に国号論を説いている。この書はそのころ史籍として権威を認められ、やや広く流布したらしく、聖冏の日本書紀私鈔にも、「大八洲の事、細釈は正統記の如し」と、この書の説を承けている。万葉集では古い仙覚の注釈には国号の説は見えないけれども、南北朝時代の藤沢の由阿《ゆあ》の詞林采葉抄《しりんさいようしょう》には甚だ詳しい説が見えている。なお室町時代には、壒嚢鈔《あいのうしょう》、塵滴問答、日本得名、月刈藻集《つきのかるもしゅう》などの雑書にも国号説は見えているが、多くは日本書紀研究の影響を受けたもののようである。

近世すなわち江戸時代になると、学問の姿も一変して、中世の煩瑣な学風を棄てて、ようやく実証的に物を考えるようになってきた。この時代の古典の研究では、まず日本書紀では谷川士清《ことすが》の日本書紀通証、河村秀根の書紀集解、橘守部《もりべ》の稜威道別《いつのちわき》、飯田武郷の日本書記通釈（これは明治時代か）などがあり、みな国号の問題に触れている。本居宣長は古事記の価値を高く評価し、終世の大業として古事記伝を著わし、それにまたこの問題を詳説している。ことに彼は国号考というこの問題ばかりを取り扱った専書を著わし、極めて微細にわたって論究している。歌集の研究の重点は古今集から万葉集に移ってしまって、僧契沖の万葉集代匠記をはじめとして、賀茂真淵の万葉考、荒木田久老の万葉集槻《つき》の落葉《おちば》、鹿持雅澄《かもちまさずみ》の万葉集古義、橘守部の万葉集檜《ひ》の嬬手《つまで》などには、それぞれ国号の問題を論じている。この時代には儒学の勃興につれて、多くの儒者が輩出し、林羅山、貝原益軒、熊沢了介、新井白石、荻生徂徠、伊藤東涯らもこの問題に口を出している。このころになると、僧家の仏説による通俗な見解は跡を潜めたが、そのかわりに儒者らはシナの書物を根柢において、それで議論しようとした。

明治以後になると、一般に知られているように、学問の様子もまた大きく変わってきて、ことに国号論は純粋に史学の問題として取り上げられ、木村正辞、星野恒、内田銀蔵、喜田貞吉、内藤虎次郎ら、第一流の学者がこれに参加し、学術雑誌が多く発刊せられると、それに煽られて、それに拠って盛んに論陣を張り、ついに国号問題だけの単行の書も多く出るようになった。

古人がわが国の名として挙げたものを数えると、まず弘仁私記の序および延喜私記には、

(1)日　本　(2)倭（ヤマトとワ）

の二名だけを論じ、承平私記には、

(1)日　本　(2)倭　(3)倭面国
(4)倭奴国　(5)邪馬臺　(6)東海姫氏国

を数え、釈日本紀には、これらの他に、倭には虚盈《そらみつ》倭、虚見《そらみつ》倭、秋津島《あきつしま》倭の三倭があるといい、なお、

(7)大日本豊秋津洲《おおやまととよあきつしま》　(8)豊葦原《とよあしはらの》千五百《ちいほ》秋瑞穂地《あきのみづほのくに》

を説いている。神代巻口訣には、

⑴大　倭　⑵大八洲　⑶日本国

⑷豊葦原千五百秋瑞穂国

の四者を挙げるだけであるが、神皇正統記には、

⑴豊葦原千五百秋瑞穂国　⑵大八洲国

⑶大日本国　⑷虚空見日本国　⑸倭

⑹耶麻土（耶麻堆）　⑺細戈千足国《くわしほこちたるのくに》　⑻磯輪上秀真国《しわがみのほつまのくに》

⑼玉垣内国《たまがきのうちつくに》　⑽扶桑国

を数え、詞林采葉抄には、

⑴磯《し》城《き》島《しま》　⑵大　和　⑶豊葦原千五百秋瑞穂国

⑷浦安国《うらやすのくに》　⑸細戈千足国　⑹藤根国

⑺葦原中津国　⑻大八洲

を数え、なお特に漢朝から名づけたものとして、

⑼扶桑国　⑽東海国（東海姫氏国）　⑾倭面国

⑿邪馬堆（野馬臺）　⒀君子国

を挙げている。文安元年（一四四四）の序のある辞書、下学集の天地門には、

(1)磤馭盧島《おのころしま》　(2)秋津島　(3)野馬臺
(4)山迹《やまと》　(5)敷島　(6)豊葦原
(7)扶桑国　(8)倭国

の八名を挙げて、いずれも「日本惣名也」といっている。同二―三年の間に書かれたと思われる壒囊鈔には、

(1)秋津島　(2)磤馭盧島　(3)扶桑国
(4)敷島（磯城島）　(5)豊葦原（葦原中津国）　(6)波母山《はもやま》
(7)君子国　(8)本朝　(9)我朝
(10)日域　(11)耶麻土　(12)野馬臺（野馬堆）
(13)倭奴国　(14)倭面国　(15)東海姫氏国
(16)日本（大日本国）　(17)大和（和州）

を数え、日本書紀纂疏には「吾が国の名倭漢に通ずるもの一十三有り」といって、

(1)倭国　(2)倭面国　(3)倭人国
(4)邪馬臺国　(5)姫氏国　(6)扶桑国
(7)君子国

以上の七名は「和漢通称」といい、

⑻豊葦原千五百秋之瑞穂国　⑼豊秋津洲　⑽浦安国

⑾細戈千足国　⑿磯輪上秀真国　⒀玉垣内国

以上の六名は「和国独称」といっている。吉田兼倶および清原宣賢の神代紀抄には、この他に、

⒁日本国

を加えて、「十四の名有るなり」という。それより少し後にできたろうと思われる著者不明の日本略記というものに、「日本之名之事」として、

⑴日　域　⑵日　本　⑶豊葦原

⑷秋津島　⑸大和国　⑹和　国

⑺我　朝　⑻東海川　⑼水穂国

⑽堪忍国　⑾神　国

の十一名を挙げている。

近世になると、ますます多くなって、貝原益軒の和爾雅《わじが》に、「日本国異名」として、

⑴豊葦原千五百秋之瑞穂国　⑵豊秋津洲

⑶細戈千足国　⑷大和国　⑸虚見津日本国

(6)日本《ひのもと》　(7)磯城島

の七名を挙げて「以上の諸名は本邦独称する所なり」といい、さらに、

(8)扶桑国　(9)日　域　(10)君子国
(11)邪馬臺国　(12)倭　国　(13)倭奴国
(14)倭面国　(15)若木国　(16)倭人国
(17)日本国　(18)姫氏国　(19)東海女国
(20)日　東　(21)烏卯国　(22)阿毎郷

の十五名を掲げて、「以上の諸名は並に異邦の書に出で、本邦亦たこれを称す」といっている。享保版の和漢音釈書言字考節用集には、

(1)日　本　(2)豊葦原　(3)自凝島《おのころしま》
(4)大八洲国　(5)和　国　(6)陽　谷
(7)耶麻堆　(8)野馬臺　(9)大　和
(10)山　迹　(11)日本《やまと》　(12)八　洲
(13)扶桑国　(14)葦原国　(15)秋津洲
(16)姫氏国　(17)若　木　(18)日　域

(19)日　東　(20)敷　島　(21)磯城島
(22)咸　池　(23)昧　谷　(24)濛　汜
(25)暘　谷　(26)日　本《ひのもと》　(27)烏　卯
(28)阿毎郷

の二十八名を載せ、近ごろの古事類苑の地部には「国号」として、

(1)日　本　(2)ひのもと　(3)日出国
(4)日　東　(5)烏　卯　(6)大八洲国
(7)葦原中国　(8)瑞穂国　(9)やまと
(10)野馬臺　(11)浦安国　(12)細戈千足国
(13)磯輪上秀真国　(14)玉墻内国　(15)虚空見日本国
(16)秋津島　(17)磯城島　(18)神　国
(19)皇　国　(20)倭　国　(21)東海女国
(22)姫氏国　(23)扶桑国　(24)君子国
(25)阿毎郷　(26)ヤアパン　(27)ジッパン

の二十七名を挙げている。

こういうのを拾い上げて、集めてみると、わが国の名は随分たくさんあったことになる。いくらなんでも、これではあまりに多過ぎる。かの書物とこの書物とで重出するものを省いても、それでもまだ五十ばかりになる。しかしこのうちで葦原中国と豊葦原千五百秋瑞穂国とは一つと視てよろしかろう。やまと、大倭《やまと》、大和、山迹、耶麻土なども同じものであろう。またひのもと、日本、日出国、日域、日東、烏卯、ジアパンなどもひと纏めにして考えることができる。こういう風に整理してくるとよほど少なくなってくる。そのうえに浦安国、細戈千足国、磯輪上秀真国、玉墻内国などというのは美称であって、国号ではない。神国、皇国などというのも、わが国体を称えたもので、また本朝、我朝などというのは国号ではなく、こういうものまで数えているのは甚だおかしい。そして扶桑、若木、東海姫氏国、君子国などというのは、シナの人が考えた東方にある想像上の土地で、具体的な確かな国土を指したものでないのを、かの国の人かあるいはわが国の人かが勝手にわが国のことだと極め込んでしまったものである。なおまた詞林采葉抄にいう藤根国、壒嚢鈔にいう波母山、日本略記にいう東海川、勘忍国などというのは、どこに出所があるのか、正しい用例の全く見当らないものである。かくてこれら多数の雑然たる国号群から、かれこれ整理して、

(1) 葦原の中つ国　葦原の水穂の国

(2) 秋津島

(3)敷　島
(4)大八洲国
(5)やまと
(6)倭
(7)倭奴国
(8)倭面国
(9)邪馬臺国
(10)日　本　ひのもと

などについて、これから説明しようと思う。

二、葦原の中つ国　葦原の水穂の国

古事記の上巻、すなわち神代の物語の巻に、伊耶那岐《いざなぎ》の命《みこと》が神避《かみさら》れた后の伊耶那美《いざなみ》の命に御逢いになろうとして、黄泉国《よもつぐに》に下って行かれた時、御約束に背いて、伊耶那美の命の御姿を御覧になったので、伊耶那美の命は辱かしめられたとして、予母都志許売《よもつしこめ》や八雷神などをして追わしめられ、黄泉比《よもつひ》良坂《らさか》の坂本まで追いかけさせられた。そこで伊耶那岐の命は桃の実三つを投げて攻め返され、よって桃の実に告げて、

汝吾を助けたるが如く、葦原の中つ国にあらゆるうつしき青人草の苦《う》き瀬に落ちて患《うれ》へ惚《なや》まむ時に助けよ、

と仰せられたという物語を載せている。また天照大御神が天石屋戸に籠られた時のことを、

爾《ここ》に高天が原皆暗く、葦原の中つ国悉く闇かりき、

といい、また大御神が石屋戸から出でました時を、

高天が原もまた葦原の中つ国も自ら照り明かかりき、

といっている。

この葦原の中つ国というのは、この例から考えると、われわれ人々の住む国、またはこの国を指していったもののように思われる。古事記とともにわが国の最も古い歴史の書なる日本書紀の第一、二巻、すなわち神代紀にもこの葦原の中つ国、または豊葦原の中つ国という名はたくさんに見えている。また古事記の天孫降臨の段に、天照大御神は、

豊葦原の千秋長五百秋《ちあきながいほあき》の水穂《みづほ》の国は我が御子正勝吾勝勝速日《まさかつあかつかつはやひ》天忍穂耳《あめのおしほみみ》の命の知らさむ国、

と仰せられて天孫を天降らせられた。天忍穂耳の命は天の浮橋に立たれて、

豊葦原の千秋長五百秋の水穂の国はいたくさやぎて有なり、

とのたまいて、また天上に還り上られた。そこで大御神は天安河の河原に八百万神を神集《かむつどえ》に集《つど》えて、

此の葦原の中つ国は我が御子の知らさむ国、

と仰せられて、天菩比神《あめのほひのかみ》を遣わして、荒ぶる神どもを平定せしめられたとある。それゆえ豊葦原の千秋長五百秋の水穂の国という長い名も結局は葦原の中つ国と同じなので、葦原の中つ国というのは普通の一般の呼び方、長い方は他所行《よそゆき》の盛飾した呼び方であるように思われる。日本書紀には普通の名の方はたくさん見えているが、他所行の場合のは見えていない。しかしそれに引用して異説を並挙したいわゆる「一書」に、天神が伊弉諾尊《いざなぎのみこと》、伊弉冉尊《いざなみのみこと》に謂って、

豊葦原の千五百秋の瑞穂の地有り、宜しく汝往きて循《し》らすべし、

と仰せられたといい、また天照大神が皇孫に勅して、

葦原の千五百秋の瑞穂国は是れ吾が子孫の王たるべき地なり、宜しく爾《なんぢ》皇孫就いて治《し》らせ、

と仰せられたとある。

さてこの葦原の中つ国とか葦原の瑞穂の国とかいうのは、この日本の古い国の名だったのだろうか。これは神世の物語では天上の世界なる高天《たかま》が原《はら》と、死後の世界なる黄泉国《よもつぐに》あるいは夜見の国とに対して、私どもの生きている人間の住むこの世界のことをいったもののように思われるが、幕末の国学者鈴木重胤は「国号の謂ならず」といっているだけで、その他多くの学者は皆これを国号と認めていたようである。いくら大昔の人だからといっても、この世の中ということと日本の国ということとを一つに考えるようなことはあったとは思われないが、何分これは昔の神々の物語なのだから、この世の始めとこの国の始めとは曖昧に区別なく物語られていたのである。ところが今までこの問題と取り組んできた多くの学者は神話を文字通りに解釈しようと努力していたので、したがって葦原の中つ国をこの世の中という意味に解しているようでもあり、また日本の国ということだと考えていたようでもあり、そして結局は国号だというのである。

しからば葦原の中つ国とはどういう意味なのであろうか。北畠親房はその古今集序注に、世の始め

に天地の中に一物が生まれ出て、その状は葦牙《あしかび》のごとく、それが国常立尊《くにとこたちのみこと》となられたから、葦原国というのだといい、中世の一種の辞書なる下学集に、或書というものを引用して、伊弉諾、伊弉冉の二柱の神が矛で海底を探ぐられた時に、矛の尖に触れたものがある。叡山の地主権現日吉の神が、それは葦だといわれたので、葦原の国というのだとある。これは両説とも葦原の国の本当の説明にはなっていない。応永二十六年（一四一九）に良遍法印という僧が日本書紀の講義をした時に、葦原を阿字原であるといい、この国は阿字本不生の地で、一塵一法として阿字全体にあらざることなしと、真言宗の字義説で説明しようとした。いずれにしても中世の学問というものは不思議なことをいって納得していたものである。

近世になると学問の様子は一変した。本居宣長はその古事記伝および国号考に、葦原の中つ国というのは、神代に高天が原から名づけた号で、この国で名づけたものではない。その意味は上代には四方の海辺が皆葦原で、その中に国処があって、空から見下せば、葦原の中に国があったから、葦原の中つ国といったものだという。しからば高天が原というのはどれほどの高さのところにあったのだろうか。あまり高いところにあったのでは葦などが見分けられるわけはなく、葦が見分けられるほどの、それほど高いところでなかったとすれば、この国をすべて見わたせるはずはない。これは甚だ幼稚過ぎる解釈だけれども、宣長という人はそれ位のことは十分承知のうえで、ただ神代の物語、ことに古事記に書いてあることは、できるだけ文字通りに解釈しようとしたのである。明治初期の国学者飯田武郷の日本書紀通釈には、天地の始め、まだ国土浮び漂える時、大己貴《おおなむち》の神と少彦名《すくなひこな》の命とが力を合わせて、葦を多く植えて、国土を造り固められたから、豊葦原とか葦原の中つ国とかいうのであって、中つ国とは万国すべて葦原の中ではあるが、その中でも特に最正中の国という意味であるといい、これも神話をそのまま正直に解釈しようとしたものである。

次に豊葦原の千五百秋の瑞穂の国というのについては、卜部兼方の釈日本紀に、日本紀私記を引いて、豊葦原千五百秋瑞穂の地というのは、この国は肥饒豊富の地ということだといい、肥美の地は葦草多く生ずるから、それを喩えに取ったのだといい、また千五百秋というのは長久の秋必ず珍美の稲穂を得るからだという。この日本紀私記は何年の私記だか明らかではないが、釈日本紀は多く延喜私記を引用しているから、これもおそらくその時のもので、平安時代の古説であろうが、その解釈は甚だ字義通りである。そして稲の豊穣をなぜ葦に喩えるのか、それはどうもよくわからない。私記の博士は豊葦原の瑞穂の国というのを「此の国は」といっているから、これを国号と解しているらしいのであるが、葦原の中つ国との関係、すなわちそれは同じ国号なのか、別の称呼なのかについて説き及んでいない。しかしこれは同じものだとみているのではなかろうか。これより先、建治元年（一二七五）兼方の父の兼文が日本書紀を講釈した時に、前関白一条実経が、千五百秋というのは年代の秋か時節の秋か、年代の秋ならば春秋といいそうなものだし、瑞穂というのだから、時節の秋ではないかと質問した。これは長久の意なのだから、どちらでもいいことで、甚だ愚問であるが、兼文は一往年代の春秋の意で、国家の祝言であると答え、のちにまた考え直して、皇孫瓊々杵《にに ぎ》の尊が日向に天降られた時は秋で、また尊は手ずから千穂を抜き取られたから高千穂の峰というのだから、時節の秋と解する方が義理にかなうといった。これなどは中世の煩瑣な学風を遺憾なく示しているものである。北畠親房はその神皇正統記に、これは天地開闢の始めからある名で、天祖国常立尊《くにとこたちのみこと》が陽神陰神に授けられた勅にも見え、天照大神が天孫に下されたのにもこの名があるから、根本の号であることが知られるといった。これも葦原の中つ国との関係には言及していない。

近世になって国学の基礎を築いた契沖はその万葉集代匠記には万葉集巻二の日並《ひなめしの》皇子尊《み こ の み こ と》の殯宮《もがりのみや》の時の柿本人麻呂の長歌の中に「葦原の水穂の国を天地《あめつち》のよりあひの極み」と、ただ水穂の国とのみあるから、これは稲の穂ではない、葦原のというのは水穂の国の枕詞で、それは葦牙のごとくなるものから生まれて国常立尊の神となられたから、それに拠るのであるという。これは親房の説と同じである。かつ稲麻竹葦と葦は物の繁きためしともなるから、行く末繁茂すべき意である。千五百秋の秋は千秋万歳というがごとく年の意で、千五百はただ多きことをいうのであり、瑞穂の瑞は祥瑞にて、穂は物の抜け出でて高く顕わるること、葦の穂によそえて、天孫の天降らせたまいたるめでたき国とつづけたのであるという。契沖の説にはまだ中世的な考えが残っているようである。かくて契沖は葦原の水穂国の義を解しながら、葦原の中つ国との関係には言及していない。むしろこれは別な称号と考えていたらしく、水穂国は日本総国であるが中つ国は大和の国なりという。宣長は豊葦原の千秋長五百秋の水穂の国の豊というのは国にかかる褒め言葉で葦にかかるのではない。千秋長五百秋はもちろん長久の意、水穂はみずみずしい稲穂ということで、御国は、稲は万の国にすぐれて美《め》でたいからで、長く久しく御子の命のこの水穂を聞こしめすべき国という意であるといい、これをただの美称だとは解釈しないで、国号であるというのである。そして葦原の中つ国と葦原の水穂の国とは別の国号だと考えていたようである。飯田武郷はただ宣長の説を引くだけであるが、しかしこれと葦原の中つ国とは同じに考えていたようである。

契沖が「葦原の」というのは水穂国の枕詞だといったように、その他の人々も、「葦原の」とは中つ国あるいは水穂の国を修飾した言葉、中つ国なり水穂国なりが本当の国の名であると考えていたらしい。しかし先にも例を挙げたように、古事記の天孫降臨の条には豊葦原の千秋長五百秋の水穂の国をまた葦原の中つ国ともいっているのであるから、この二つは別の名ではない。それだから両方に共通する葦原というのがむしろ国の名であって、中つ国といい、水穂の国というのはその褒め言葉、すなわち美称として添えたものであろうと思われる。そしてその葦原というのは葦の生えているところと解するのは甚だ自然な考え方であるが、いくら大昔でも日本全国に葦が繁っていたとも考えられないし、また葦の生えている中に国土があったなどと、一目に見わたせるはずもないから、葦原というのはもとは全国の総名ではなく、どこか一地方の名、それが後には広く全国的に呼びならわされたものとしか思われない。宣長もかつて論じたように、狭い処の名が後に広くなった例が多く、出羽、加賀なども、もとは郡の名であったのを国の名とせられ、その他、駿河の郷から駿河の郡、駿河の国、出雲の郷から出雲の郡、出雲の国、安芸の郷から安芸の郡、安芸の国、大隅の郷から大隅の郡、大隅の国となったと考えられるといっているので、葦原も始めから全国の総名ではなく、どこか狭い範囲の地名であったのではなかろうか。これについて思い当ることは、古事記の上巻、大国主の神が生まれられたところに、

亦の名は大穴牟遅《おほなむち》の神と謂《まう》し、亦の名は葦原色許男《あしはらしこを》の神と謂し、亦の名は八千矛《やちほこ》の神と謂し、亦の名は宇都志国玉の神と謂す、幷せて五の名有り、

とあって、大国主の神の一名を葦原色許男の神といったということである。日本書紀巻一に引く一書にも、

大国主の神亦の名は大物主の神、亦は国作大己貴《おほなむち》の命と号《まう》す、亦は葦原の醜男と曰《まう》す、亦は八千《やち》戈《ほこ》の神と曰す、亦は大国玉の神と曰す、亦は顕国玉《うつしくにたま》の神と曰す、

とある。この葦原というのは大国主の神の郷土の重要な地名で、大国主の神はそこを領せられたから、葦原の醜男というのであろう。なおこのことは大八洲国ということを説くところで、今一度考え合わせて頂きたいと思う。

三、秋津島

古事記の上巻の伊耶那岐の命と伊耶那美の命とが島々を生ませられたというところに、

次に大倭豊秋津島《おほやまととよあきつしま》を生みましき、亦の名は天御虚空豊秋津根別《あまつみそらとよあきつねわけ》と謂ふ、

とあり、日本書紀巻一の同じところに、

廼《すなは》ち大日本豊秋津洲《おほやまととよあきつしま》を生みたまふ、

とある。この大とか豊とかいうのは例の美辞とか祝辞とかいわれる褒め言葉で、古事記の天御虚空豊秋津根別というのは島を人格化した呼び名、あるいは神名である。

さて大倭豊秋津島というのは倭すなわち秋津島という意味であって、それは古事記の下巻雄略天皇の段に、天皇が吉野宮に行幸せられ、さらに阿岐豆《あきつ》野に幸して狩せられた時、蝄《あむ》が御腕《たこむら》に喰いついたのを蜻蛉《あきつ》がきて、その蝄を喰って飛び去った。そこで天皇はその蜻蛉を褒めて詠ませられた大御歌として、

み吉野《えしぬ》の　をむろが嶽《だけ》に　猪《しし》伏すと　誰ぞ大前に申す　八隅知《やすみしし》　吾大君の　猪待つと　吾床《あぐら》にい

まし　白栲《しろたへ》の　袖著そなふ　手腕《たこむら》に　蝄かき著き　其の蝄を　蜻蛉早喰ひ　かくのごと名に負はむと　空見つ　やまとの国を　秋津島とふ

とある。これは古事記には天皇の大御歌とはあるけれども、歌の意では秋津島の地名の起源伝説の歌で、他の人が詠んだ姿で、大御歌らしくはない。また古事記には、

故《か》れ其の時より其の野を名づけて阿岐豆野と謂ふなり、

と吉野の阿岐豆野の地名伝説としているけれども、歌にはたしかに「やまとの国を秋津島とふ」とあるから、大倭豊秋津島の名を説明しているものでなければならない。そしてやまとの国を秋津島というのであるから、大倭がすなわち豊秋津島であるということである。

雄略天皇の御事は日本書紀巻十四にも同じ話が見えていて、それにある大御歌は、

やまとの　をむらの嶽に　猪伏すと　誰か此の事　大前に申す　大君は　そこを聞かして玉巻の　胡床《あぐら》に立たし　倭文巻《しづまき》の　胡床に立たし　猪待つと　わがいませば　さ猪《ゐ》待つと　わが立たせば　手腕《たくふら》に　蝄かき著きつ　其の蝄を　蜻蛉早喰ひ　這ふ虫も大君に服《まつら》ふ　汝《な》が形置かむ　秋津洲やまと

とあり、これは古事記の大御歌の異伝であるが、これには「秋津洲やまと」と大倭豊秋津島を逆に置き替えてある。そしてこの秋津洲はやまとの枕詞のような姿になっている。日本書紀の方にも、

因りて蜻蛉を讃めて、此の地を名づけて蜻蛉野と為す、

と、吉野の蜻蛉野の地名の起源としている。かく古事記も日本書紀も、本文では蜻蛉野の地名伝説であるが、それに引用してある大御歌では秋津島すなわちやまとであって、本文と引用の歌とは喰い違っている。吉野の蜻蛉野については、万葉集巻一に「吉野宮に幸せし時、柿本朝臣人麻呂の作」という詞書のある長歌に、

八隅知《やすみし》し　吾大王《わがおほきみ》の　聞《きこ》し食《を》す　天の下に　国はしも　さはに有れども　山川の　清き河内と
御心を　吉野の国の　花散らふ　秋津の野辺に　宮柱　太敷き坐《ま》せば　百磯城の　大宮人は　船
並《な》めて　旦川《あさかは》渡り　舟競《ふなきほ》ひ　夕河渡る　此の川の　絶ゆる事なく　此の山の　弥高からし
珠水激《いはばしる》　滝の宮こそ　見れど飽かぬかも

というのがあり、その他にも三芳野の蜻蛉の宮とか三吉野の秋津の川とか三吉野の蜻の小野などというのが多く見えている。やまとというのはこの後に詳しく述べるが、今の奈良県の中の一地方の名としても、大和一国の名としても、日本総国の名としても、広狭様々に用いられているが、吉野の方にはやまとという所はない。だから大倭豊秋津島の秋津島と吉野の蜻蛉野とは違うのである。

日本書紀巻三、神武天皇三十一年四月朔日の条に、

皇輿巡幸す、因りて腋上《わきがみ》の嗛《ほほ》間の丘に登りまして、国の状を廻らし望《み》たまひて曰《のたま》はく、妍《あなにゑ》や国み

し獲《え》つ、内木綿《うつゆふ》の真迮国《まさきくに》と雖も、猶ほ蜻蛉《あきつ》の臀呫《となめ》せるがごとしと、是れに由りて始めて秋津洲の号有り、

とあり、これも秋津島の名の地名伝説である。神武天皇が腋上の嗛間の丘に登って国見を遊ばされた。内木綿の真迮国とは浜木綿《はまゆう》という草の繊維で織った布を割いたような狭い国ということだと解せられている。臀呫というのは下学集などには両翅を展べた状としているが、多くは尾の端を首の背に挿しこんだようすだと解している。しからば甚だ不思議な地形だけれども、何か嘉瑞なのでもあろうか。天皇はその地のようすを御覧になって、木綿《ゆう》の裂端のような狭い国だが、蜻蛉がとなめしているようだとして悦ばれたというのである。腋上の嗛間の丘というのは大和国葛上郡にあるが、これはその地方についての物語に過ぎないもので、それを日本書紀では大日本豊秋津洲のその秋津洲の名の起源としている。それで俗間でも秋津洲を日本総国の名として、その起源をこの物語で説明しようとするものが多いが、北畠親房の神皇正統記に「然れど神代に豊秋津根と云名あれば神武に初めざるにや」と、秋津島の名はこの時から始まったのではないといい、吉田兼倶の神代紀抄にも同じことをいっている。

古事記中巻孝安天皇の段に、

大倭帯日子国押人命《おほやまとたらしひこくにおしひとのみこと》葛城の室の秋津島の宮に坐して、天の下を治《しろ》しめしき、

とあり、日本書紀巻四の孝安天皇の紀二年十月の条に、

都を室の地に遷す、是れを秋津島の宮と謂ふ、

とあって、葛城郡の室というところを秋津島といったと見える。室は腋上の嗛間の丘に近いところで、先代の孝昭天皇の都も葛城の掖上の宮であった。そこで本居宣長は秋津島が天の下の大名となったのは、孝安天皇がこの室の地に百余年も久しく都せられたからであるといい、そして神武天皇が国見せられた物語はこの地の地名伝説であるというのである。孝安天皇がここに都せられたから天下の大名となったというが、しからばなぜに神武天皇が橿原に都を奠《さだ》められたのに、天下の大名を橿原の国といわないのか。このころ歴代都を殊にしていられたが、なぜに孝安天皇の秋津島の宮だけが総国の名となったのか。これだけでは説明が不十分である。それよりも秋津島という名が独立に日本総国の名として用いられていたろうか。勿論のちにはその例はいくらもあるが、古くは必ずやまとに随伴して用いられている。ことに日本書紀にある雄略天皇の大御歌の「秋津島やまと」というようにやまとの枕詞のごとくに用いられている。日本書紀巻十一仁徳天皇五十年三月の紀、河内の茨田《まむた》の堤に雁が卵を生んだということの条に、天皇と武内宿禰との唱和の歌があって、その御製というものに、

玉限《き》はる　内の朝臣《あそ》　汝《な》こそは　世の遠人　汝こそは　国の長人　秋津島　やまとの国に　雁子《こ》
産《む》と　汝は聞かすや

とあり、宿禰のには、

八隅知《し》し　吾が大君は　うべな〱　我を問はすな　秋津島　やまとの国に　雁子産と　我は聞かず

とあって、この場合の秋津島というのは、いかにも枕詞らしく思われる。古事記にあるこの御製にも宿禰の歌にも虚空見津《そらみつ》やまとの国とあり、虚空見津というのは、一般にやまとの枕詞と解せられているのである。万葉集においても、秋津島というのは五例ばかり見えているが、全部やまとの枕詞としてであって、独立して総国の名となっているものは一例もない。

巻一の舒明天皇の御製に、

やまとには　群山《むらやま》あれど　とりよろふ　天の香具山《かぐやま》　登り立ち　国見をすれば　国原は　煙立ちたつ　海原は　鷗立ちたつ　うまし国ぞ　秋津島　やまとの国は

というのがあり、巻十三に、

秋津島　やまとの国は　神がらと　言挙《ことあげ》せぬ国　然れども　我は言挙す　天地の神もはなはだ我が思ふ　心知らずや　往く影の　月も経行けば　玉限《たまきは》る　日も累り　思へかも　胸安からぬ恋ふれかも　心の痛き　末遂に　君に逢はずば　我が命の　生けらむ極み　恋ひつつも　我は渡らむ　まそ鏡　正目に君を　相見てばこそ　我が恋止まめ

という長歌があり、また、

大君の　勅畏《みこと》み　秋津島　やまとを過ぎて　大伴の　御津の浜辺ゆ　大舟に　真楫《まかぢ》しゞ貫き　朝なぎに　水手《かこ》の音しつつ　夕なぎに　楫の音しつつ　行きし君　いつ来まさむと　卜《うら》置きて　斎《いは》ひ渡るに　狂言《まがごと》や　人の言ひつる　我が心　筑紫の山の　黄葉《もみぢば》の　散り過ぎにきと　君が正かを

というのがあり、巻十九に大伴家持の作とて、

秋津島　やまとの国を　天雲に　磐船《いはふね》浮かべ　艫《とも》に舳《へ》に　真櫂《まかひ》しゞ貫き　いこぎつゝ　国看しせして　天降《あもり》まし　掃ひたひらげ　千代累《かさ》ね　いや嗣々に　知らし来る　天の日継と　神ながら　吾が皇《おほきみ》の　天の下　治《をさ》め賜へば　物部の　八十伴雄《やそとものを》を　撫で賜ひ　整へ賜ひ　食《を》す国の　四方の人をも　あてさはず　愍み賜へば　古ゆ　無かりし瑞《しるし》　たびまねく　申したまひぬ　手《た》むだきて　事無き御代と　天地　日月と共に　万世に　記《しる》しつがむぞ　八隅《やすみ》知し吾大君　秋の花　しが色々に　見し賜ひ　明めたまひ　酒みづき　栄ゆる今日の　あやに貴とさ

とあり、巻二十に同じく家持の、

久方の　天の戸開き　高千穂の　嶽《たけ》に天降し　すめろぎの　神の御代より　梔弓《はじゆみ》を　手握り持たし　真鹿児《まかご》矢を　手挾み添へて　大久米の　ますら健雄を　先に立て　靫取り負せ　山川を　岩根さくみて　踏み通り　国覓《くにまぎ》しつゝ　千早振《ちはやふる》　神をことむけ　服《まつろ》へぬ　人をもやはし　掃き清め　仕へまつりて　秋津島　やまとの国の　橿原の　畝傍の宮に　宮柱　太知り立てゝ　天の下　知

らしめしける　すめろぎの　天の日嗣と　継ぎて来る　君の御代々々　隠さはぬ　赤き心を　すめらへに　極め尽して　仕へ来る　親の司と　言立て丶　授け賜へる　生みの子の　いや継々に見る人の　語り継ぎでて　聞く人の　鑑にせむを　あたらしき　清き其の名ぞ　おほろかに　心思ひて　空言《むなごと》も　親の名絶つな　大伴の　氏と名に負へる　ますらをの伴

というのがある。これらの秋津島というのは、どうみても枕詞らしく思われるが、しかし諸家にはこれを枕詞と認めないものも多い。枕詞を解釈した賀茂真淵の冠辞考、上田秋成の冠辞考続貂にもこの言葉を載せていない。宣長はこの場合のやまとは京というほどの意味で、秋津島やまとというのは、秋津島の京ということだといったが、これは甚だ強説である。鹿持雅澄の万葉集古義の枕詞解には枕詞とは認めているが、うけばりたる枕詞の例とは違うといい、その枕詞となった由は、秋津島もやまともともに天下の総名となっているので、秋津島なるやまとという意ではなく、古事記の大倭豊秋津島とあるのと同じであるが、秋津島やまとという方が言葉の調子が良いからだといっている。故友武田祐吉の万葉集全注釈にはこれを枕詞として、その語義は秋津島のあきつは明つ神の明つと同語で、現実にある美しき国土の義であるかもしれないといい、好んで新説を立てる武田学説の面目躍如たるものがある。枕詞の語源は甚だむずかしいものであるから、その語義は何であるかはしばらくおいて、それが枕詞として用いられているということを認められなければならないと思う。

枕詞はその下にある言葉を修飾するものである。その下にあって修飾せられる言葉、それを枕詞に対して何というか。仮りに本詞と名づけておくが、枕詞がいつしか本詞と結び付いて、本詞と同じ意味に、本詞から独立して用いられるようになった。押照るというのは難波の枕詞であるが、万葉集巻二十に家持が、

桜花　今盛なり　難波の海　押照る宮に　聞食すなべ

と歌っている。すなわち難波の宮をその枕詞によって押照る宮といっている。こういう例は平安時代になるとますます多くなる。日本書紀巻十七継体天皇七年十二月八日、勾大兄皇子《まがりのおおえ》（安閑天皇）を皇太子に冊立せられる詔に、

朕天緒を承け、宗廟を保つことを獲たれども、兢々業々たり、間者《このころ》天下安静に、海内清平、屢豊年を致して、頻に国を饒かならしむ、懿なる哉麻呂古、朕が心を八方に示す、盛なる哉勾大兄、吾が風を万国に光らす、日本《やまと》邕々、名を天下に擅にし、秋津赫々、誉を王畿に重からしむ、宝とする所は惟だ賢、善とする所は最も楽、聖化茲れに憑りて遠く扇り、玄功此れに藉りて長く懸れり、寔に汝の力なり、宜しく春宮に処りて、朕を助けて仁を施せ、吾を翼けて闕けたるを補へ、

とあり、これにはやまとと秋津とは同じに出てくるが、句を隔てている。この詔詞はもちろん日本書紀撰者の作文で、日本書紀は養老四年（七二〇）に世に出たものであるから、そのころ枕詞としての

秋津島はまた本詞から離れて、ようやく縁が薄くなりかけているようにも思われる。

　秋津島が日本総国の名であるといわれているが、秋津島が係るやまとは、奈良県内の一地方の名にも、大和一国の名にも、また総国の名にも用いられる。二神の国産みのところに見える大倭豊秋津島は今日のいわゆる本洲に相当するものであるが、継体天皇の詔詞に見える日本邑々、秋津赫々は総国のやまとを指しているものに相違ない。平安時代になると、秋津島もやまとの枕詞から独立して、単独に、かつ日本総国の名として用いられるようになり、その例もようやく多い。延喜六年（九〇六）閏十二月十七日の日本紀竟宴の和歌に、三統理平《みむねのまさひら》が神日本磐余彦《かみやまといわれひこの》天皇を詠じて、

　飛びかける　天の磐舟　訪ねてぞ　秋津島には　宮はじめせる

とあり、千載和歌集の序に、

　あまねき御うつくしみ秋津島のほかまで及び、広き御めぐみ春の園の花よりもかうばし、

とあり、また新後撰和歌集巻二十に後京極摂政藤原良経の、

　此のころは　秋津島人　時を得て　君が光の　月を見るかな

と、これは建仁三年（一二〇三）藤原俊成九十の賀の和歌であるという。新拾遺和歌集巻七源有長の、

　君が世は　豊葦原の　秋津すに　満ち干る潮の　尽きじとぞ思ふ

など必ずしも少なくない。日本書紀の秋津洲の洲はしまと訓ませるのであるが、中世になれば、それ

を音読してあきつすといったので、その例もまた少なくない。

四、敷　島

敷島というのもわが国の国号の一つだと考えられている。下学集には敷島というのに「日本総名也」と注し、書言字考節用集には「日本一名」と注している。しかし古くはこれを日本の総名として用いた例はあまり見当らず、万葉集にはしきしまのというのをやまとの枕詞として、およそ六例ばかりある。巻九に、

虚蟬《うつせみ》の　世の人なれば　大王《おほきみ》の　御命恐《みことかしこ》み　磯城島《しきしま》の　やまとの国の　石上《いそのかみ》　振《ふる》の里に　紐解かず　まろ寐をすれば　吾が著たる　衣は馴れぬ　見る毎に　恋は益されど　色に出でば　人知りぬべみ　冬の夜の　明しも得ぬを　寐《い》も寝ずに　吾はぞ恋ふる　妹がたゞかに

というのがあり、巻十三に、

式島の　やまとの国に　人多《さは》に　満ちて有れども　藤浪の　思ひ纏《まと》はし　若草の　思ひつきにし

君が目に　恋や明さむ　長き此の夜を

という長歌、およびその反歌に、

式島の　やまとの国に　人二人　有りとし念はゞ　何か嗟《なげ》かむ

同じ巻に、

志貴島の　やまとの国は　言霊《ことだま》の　佐《たす》くる国ぞ　真幸《まさき》くあれこそ

また、

磯城島の　やまとの国に　何方《いかさま》に　御念食《おもほしめ》せか　つれも無き　城上《きのへ》の宮に　大殿を　仕へまつりて　殿隠《とのごも》り　隠りいませば　朝《あした》には　召して使はし　夕には　召して使はし　遣はし、舎人《とねり》の子等は　行く鳥の　群《むらが》りて待ち　有り待てど　召し賜はねば　剣太刀《つるぎたち》　磨ぎし心を　天雲に　念ひはふらし　展転《こひまろ》び　ひつち哭《な》けども　飽き足らぬかも

巻二十大伴家持の喩族歌の反歌に、

之奇志麻の　やまとの国に　明けき　名に負ふ伴《とも》の緒《を》　心努《つと》めよ

というのがある。

敷島は地名であることは明らかだが、これがやまとの枕詞になった理由については、賀茂真淵の冠辞考に、崇神天皇が都を磯城に遷されて、それを瑞籬《みづがき》の宮といい、欽明天皇が都を磯城郡磯城島に遷されて、それを磯城島の金刺《かなさし》の宮といった。二代ながらことに多年おはしまして名高ければ、そのころから自然に大和の国の今一つの名のようになったのであろうといい、宣長はこれもまた大和一国を

さしたのではなく、京師をさしてやまとといっているので、しきしまの都といはんがごとしといった。鹿持雅澄は真淵が磯城の瑞籬の宮を例に挙げたのは、これは磯城であって磯城島ではないといい、宣長が師木島の京の意だといったが、そういう意なるは一首も無いといい、結局磯城島の金刺の宮から大和一国の名となって、ただその名を重ねていったまでであるという。しかし大和一国のうちには都は数々あるのに、何故に金刺の宮だけを重ねていうのか、これも一つすっきりした解釈とは思われない。延喜の祝詞式の龍田風神祭の祝詞に「志貴嶋に大八嶋国知しめし、皇御孫命の遠御膳の長御膳と」とあるから、敷島は必ずしも崇神天皇と欽明天皇との都とばかりはいわれないのであろう。枕詞の解釈は概してむずかしい問題だけれども、これは秋津島やまとと同じ格に考えるよりほかに致し方はない。大和の布留《ふる》という地名に石上《いそのかみ》という枕詞がある。これは前に挙げた万葉集巻九の長歌にも見えている。石上も布留も大和の山辺郡にある近い土地であるから、連称することに馴れて枕詞となったのであろう。大和の国内のやまとという土地は山辺郡にあったが、和名抄には城下郡に見えている。おそらく磯城島に近いところにあったのであろう。秋津島は葛城郡だからやや離れている。

万葉集巻十九の大伴黒麻呂の歌に、

立ち別れ　君がいまさば　之奇島《しきしま》の　人は吾じく　斎《いは》ひて待たむ

というのがある。これは天平勝宝四年（七五二）十一月三日に、橘奈良麻呂が但馬按察使に任ぜられ、その二十七日に黒麻呂がそれを餞した歌で、あなたが赴任せられたならば、大倭《やまと》に居るものは私と同じく潔斎して待っているだろうという意であって、これには敷島というやまとの枕詞が転用せられて、直ちにやまとと同じ意味に用いられている。前にも述べたように、やまとというのは奈良県内の一地方の名にも、大和一国の名にも、ひいては日本全国の名にも用いられるが、したがって敷島という枕詞もそのいずれにも冠せられる。前に挙げた六例にも大和一国の場合のものと、全国の総名の場合のものと両例がある。この黒麻呂の敷島というのは大和一国の謂であるが、しかし時には全国の総名としても用いられるであろう。顕昭の古今集序注に宇治山喜撰式というものを引いて、「大倭の国をばしきしまといふ、此の国大海の中に山島に依りて居を為す、故に敷島と云ふ歟」といっている。山島に依りて居をなすというのは漢書の地理志に倭人のことを説いている言葉で、そのことは後に詳しく述べるが、それによって考えると、喜撰式にいう大倭国とは日本全国を指しているものであろう。世に歌道の事を敷島の道という。これは漢詩が唐風であるのに対して和歌は国風であり、そこで和歌の道を日本の道という意味で、敷島の道というのであろう。この言葉はあまり古いところには見当らず、鎌倉時代になって、正和元年(一三一二)三月に奏覧せられた玉葉和歌集の巻十八に、九条隆博の、

愚なる　身をば知れども　世々経ぬる　跡をぞ憑む　敷島の道

冷泉為相の、

これのみぞ　人の国より　伝はらで　神代をうけし　敷島の道

二条為藤の、

住吉の　松の思はむ　言の葉を　我が身にはつる　敷島の道

などがその最も早いものであろう。為相の歌は人々の間に甚だ広く聞こえているものである。前に秋津島の章で、やまとの枕詞にはこの秋津島、敷島のという他になおそらみつというのがある。前に秋津島やまとの国日本書紀に見える仁徳天皇と武内宿禰とが、雁が卵を産んだことについての唱和に秋津島やまとの国というのがあるということを述べたが、古事記に見えるところでは、それがそらみつやまとの国となっているのである。すなわち天皇の大御歌に、

たまきはる　うちの朝臣　汝こそは　世の長人　そらみつ　やまとの国に　雁子産《こむ》と聞くや

とあり、建内宿禰の返歌には、

高光る　日の御子　うべしこそ　問ひたまへ　まこそに　問ひたまへ　我こそは　世の長人　そらみつ　やまとの国に　雁子産と　未だ聞かず

とある。されば秋津島やまとというのと、そらみつやまとというのとは、同じほどの意味なのである。そしてこのそらみつという枕詞は秋津島や敷島よりもむしろ多く用いられていたように思われる。古事記の雄略天皇が吉野に御狩せられた時、蜻蛉が蜩を喰った物語のことは前に述べたが、その時の天

皇の大御歌というものにも「そらみつやまとの国を秋津島とふ」とある。万葉集巻一開巻第一の雄略天皇の御製歌というものにも、

籠《こ》もよ　御籠《みこ》持ち　ふぐしもよ　みふぐし持ち　此の岳《おか》に　菜摘ます児　家聞かな　名告《なの》らさね　虚見津《そらみつ》　やまとの国は　押並べて　吾こそ居れ　敷並べて　吾こそ居れ　吾こそは　背《せ》とは告らめ　家をも名をも

とあり、同じ巻の近江の荒都を過ぐる時の柿本人麻呂の作歌にも、

玉手次《たまだすき》　畝火の山の　橿原の　日知《ひじり》の御世ゆ　あれましゝ　神のこと〴〵　樛《つが》の木の　いや継々に　天の下　知《しろ》しめしゝを　天爾満《そらにみつ》　やまとを置きて　青丹吉《あをによし》　平山《ならやま》を越え　何方《いかさま》に　御念《おもほし》めせか　天さかる　夷《ひな》にはあれど　石走《いはばしる》淡海《あふみ》の国の　さゝなみの　大津の宮に　天の下　知しめしけむ　天皇《すめろぎ》の　神の御言《みこと》の　大宮は　こゝと聞けども　大殿は　こゝといへども　春草の　茂く生ひたる　霞立つ　春日のきれる　もゝしきの　大宮処　見れば悲しも

とあり、巻五、山上憶良の好去好来歌にも、

神代より　云ひ伝《つ》てけらく　そらみつ　やまとの国は　皇神《すめがみ》の　いつくしき国　言霊の　幸《さ》きはふ国と　語り継ぎ　いひつがひけり　今の世の　人もこと〴〵　目の前に　見たり知りたり　人さはに　満ちてはあれども　高光る　日の朝廷《みかど》には　神ながら　愛《めで》のさかりに　天の下　奏《まを》した

まひし　家の子と　撰びたまひて　勅旨《おほみこと》　戴き持ちて　唐《もろこし》の　遠き境に　遣はされ　まかりいませ　海原の　辺にも沖にも　神集《かむつまり》　うしはきいます　諸の　大御神たち　船の舳《へ》に　導きまをし　天地の　大御神たち　やまとの　大国霊　ひさかたの　天の御空ゆ　天駈り　見渡したまひ　事了へて　還らむ日には　又更に　大御神たち　船の舳に　御手打ち掛けて　墨縄を　はへたるごとく　あてかをし　ちかの岬より　大伴の　御津の浜びに　たゞ泊《は》てに　み船は泊てむ　つゝみなく　幸《さき》くいまして　速帰りませ

とあり、巻十九同じ時同じく遣唐使を送る歌に、

そらみつ　やまとの国　青によし　ならの京ゆ　押照る　難波にくだり　住吉《すみのえ》の　三津に船乗り　たゞ渡り　日の入る国に　遣はされ　我が夫《せ》の君を　かけまくの　ゆゝし恐《かしこ》き　墨吉の吾が大御神　船の舳に　うしはきいまし　船艫《ふなとも》に　御立しまして　さしよらむ　磯の崎々　擢ぎはてむ　泊々に　荒き風　浪にあはせず　平けく　率《ゐ》てかへりませ　もとの国へに

とあり、同巻の天平勝宝四年（七五二）閏三月、遣唐大使藤原清河入唐の時に、孝謙天皇の賜わった御製にも、

そらみつ　やまとの国は　水の上は　地《つち》行くごとく　船の上は　床にをるごと　大神の　鎮める国ぞ　四つの船　船の舳並らべ　平らけく　早渡り来て　還事《かへりごと》　奏《まをさ》む日に　相飲まむ酒《き》ぞ　此の

豊御酒は

とある。これより先、孝謙天皇がまだ皇太子の御時、天平十五年（七四三）五月五日、内裏で五節の舞いを舞わせられた。聖武天皇はそれを御覧になっての御製、それは続日本紀巻十五に見えて、

そらみつ　やまとの国は　神がらし　貴くあるらし　此の舞見れば

とある。万葉集にはこれらの他になお一二例あったように思う。

日本書紀の神武天皇が嗛間の丘で国見せられたことの条に、

饒速日《にぎはやひ》の命天の磐船に乗りて太虚《おほぞら》を翔けり行きて、是の郷を睨て、降るに及びて、故《か》れ因りて目《なづ》けて虚空見日本《そらみつやまと》の国と曰ふ、

とあって、これはそらみつという枕詞の語源伝説である。真淵の冠辞考にはこの伝説を素朴に承けて、饒速日の命が虚空からやまとの国を見て天降られたのだから空見つというのだと考えたが、雅澄の枕詞解には虚空から睨めたのならば虚従見《そらゆみ》しといわなければならず、またみつのつは終《とぢむ》る辞で、連属《つづ》く辞ではない。すなわち近ごろの用語でいえば終止形で、連体形ではないというのである。そこで雅澄は磐船の泊っていた津であるから虚御津の意であるという。これではそらという語が浮いてきて、これも的解とはいえない。前に例示した人麻呂の長歌には「天爾満」とある。満はみつの仮借であるから、問題はないが、にという弖爾袁波《てにをは》があるのは雅澄の説には邪魔になる。枕詞の解釈が甚だ面倒で

あることはこればかりではないが、私の試案を披露すれば、そらみつというのはやまとのやま、すなわち山に係るのではなかろうか。高い山が空の方に見えるからである。これは後にひのもとという枕詞を解釈する時の伏線として、予め主張しておきたいのである。

契沖の代匠記に日本書紀の記事や万葉集の歌の例ではそらみつは多く和州のやまとに冠したものであるが、万葉集巻一の雄略天皇の御歌、巻十九の孝謙天皇の御製では、この国の総名なるやまとに冠しているという。これも秋津島、敷島の場合と同じである。秋津島、敷島はそのままやまとと同じ意味に用いられるが、そらみつという枕詞には今のところそういう例は見当らないのである。なおやまとの枕詞としてはひのもとというのがあり、をだてというのもあったらしい。ひのもとの事は重大な問題に発展するから、これは筆を新たにして後章で論ずることとしたい。

五、大八洲国

令《りよう》の公式令《くしきりよう》に詔書式といって詔を発布する手続きを規定してある。今私どもの見ている令は養老二年（七一八）に修正せられたものであるが、そのもとは大宝元年（七〇一）に撰定せられたものである。しかし養老の修正は甚だ僅かばかりであって、令条の大部分は大宝の古い姿を保存しているものといわれている。ゆえにこの詔書式もまず大宝の規定とみて差し支えがないのであろう。令では天皇の大命を詔と勅との二つとし、その詔は臨時の大事に用いられ、勅は尋常の小事に用いられるものだという。臨時の大事について詔を発布せられるには、群臣を一処に集め、荘重な儀式のもとに、弁舌あるものをして、口頭で宣布せしめるので、これを宣命するという。これに対して勅旨は文書として、すなわち勅書として発布する。往時の法家、すなわち法律家は詔と勅とは事件の大小よりも、むしろ宣命するか否かで区別せられるという。儀式というものはどうしても古典的とならざるをえないから、宣命する詔詞もまた甚だしく古典的な文章で綴られてあり、その例は続日本紀に多く引用せられている。

令では詔を五種の式に分けている。すなわち冒頭の文句を、

(1)明神御宇日本天皇詔旨……

(2)明神御宇天皇詔旨……

というもので、この二つは蕃国使に宣するもの、すなわち対外的な場合に用いるものであり、

(3)明神御大八洲天皇詔旨……

(4)天皇詔旨……

(5)詔旨……

この三つは朝廷の大事に用いるもの、すなわち国内的の場合のものである。そして詔は臨時の大事についで出されるものではあるが、そのうちでも(1)と(2)および(3)と(4)と(5)とはまた事件の大小によって区別せられるのである。続日本紀に引かれている詔詞によれば(1)は「明《あき》つみ神と天《あめ》の下知《したしろ》しめすやまとの天皇《すめらみこと》の大命《おほみこと》らまと」と訓むのであり、(3)は「明つみ神と大八洲《おおやしまぐに》知しめす天皇が大命らまと」と訓むのである。これによって知られることは、大宝の当時では、わが国の国号を対外的の場合にはやまとといい、国内的の場合には大八島国といったのである。すなわちやまとは当時の地理的な名称で、大八島国というのは古典的な名称であったのであろう。

大八島国の大というのは例の茂美の辞、すなわち褒め言葉で、また単に八島国ともいうのである。

この八島国という称の用例は万葉集などでは甚だ少ない。ただ続日本紀に引かれている詔詞には多く見えている。万葉集巻六、久邇《くに》の新京を讃める長歌に、

明つ神　吾が皇《おほきみ》の　天の下　八島の中に　国はしも　多く有れども　里はしも　さはに有れども
山並の　宜しき国と　川次《かはなみ》の　立合ふ郷と　山代《やましろ》の　鹿背《かせ》山の間《ま》に　宮柱　太しき立て　高知ら
す　布当《ふたぎ》の宮は　河近み　湍音《せのと》ぞ清き　山近み　鳥が鳴《ね》とよむ　秋されば　山もとどろに　さ男
鹿は　妻呼び響《とよ》め　春されば　岡辺もしゞに　巌《いはほ》には　花開《さ》きをゝり　あなにやし　布当の原
あな貴《たふと》　大宮処　諾《うべ》しこそ　吾が大王は　君のまに　聞こしたまひて　刺竹の　大宮此《こ》こと　定
めけらしも

とあり、同巻に敏馬の浦を過ぐる時の歌として、

八千矛の　神の御世より　百船の泊つるとまりと　八島国　百船ひとの　定めてし　敏馬の浦は
朝風に　浦浪さわぎ　夕浪に　玉藻は来寄る　白沙《しらまさご》　清き浜べは　行きかへり　見れども飽かず
うべしこそ　見る人毎に　語り嗣ぎ　偲びけらしき　百世歴て　偲はえ行かむ　清き白浜

とあり、この二首の八島および八島国はわが国号というよりも、極めて軽く添えてあるので、ことに久邇の宮の歌の八島は八つの島という意味をも含めてあるように思われる。

わが国を大八洲国という由来は古事記上巻の伊耶那岐、伊耶那美二柱の神が国々を生ませられたと

ころに、

此く言《の》りたまひ竟《お》へて、御合《みあ》ひまして、子淡道《あはぢ》の穂《ほ》の狭別《さわけ》の島を生みましき、次に伊予《いよ》の二《ふた》名の島を生みましき、此の島は身一つにして面《おも》四つ有り、面毎に名有り、故《か》れ伊予《いよ》の国を愛比売《えひめ》と謂《い》ひ、讃岐《さぬき》の国を飯依比古《いひよりひこ》と謂ひ、粟《あわ》の国を大宜都比売《おほげつひめ》と謂ひ、土左《とさ》の国を建依別《たけよりわけ》と謂ふ、次に隠《お》伎《き》の三子の島を生みましき、亦《また》の名は天の忍許呂別《おしころわけ》と謂ふ、次に筑紫《つくし》の島を生みましき、此の島も亦《また》身一つにして面四つ有り、面毎に名有り、故れ筑紫の国を白日別《しらびわけ》と謂ひ、豊の国を豊日別《とよびわけ》と謂ひ、肥の国を建日向日豊久士比泥別《たけひむかひとよくじひねわけ》と謂ひ、熊曾《くまそ》の国を建日別《たけびわけ》と謂ふ、次に伊岐《いき》の島を生みましき、亦の名は天比登都柱《あめひとつばしら》と謂ふ、次に津島《つしま》を生みましき、亦《また》の名は天之狭手依比売《あめのさてよりひめ》と謂ふ、次に佐度の島を生みましき、次に大倭豊秋津島《おほやまととよあきつしま》を生みましき、亦《また》の名は天御虚空豊秋津根別《あまつみそらとよあきつねわけ》と謂ふ、故れ此の八島先づ生みませるに因りて大八島国と謂ふ、

とあり、これは大八島国という名の謂われを説明した物語である。同じことを日本書紀巻一では、

産む時に至るに及びて先づ淡路洲を以ちて胞と為す、意に快からざる所なり、故れ名づけて淡路の洲《しま》と曰ふ、迺《すなは》ち大日本豊秋津洲《おほやまととよあきつしま》を生む、次に伊予の二名の洲を生む、次に筑紫の洲を生む、次に隠岐の洲と佐渡の洲とを双生《ふたごにう》む、世人の或は双生有るは此れに象りてなり、次に越の洲を生む、次に大洲を生む、次に吉備の子洲を生む、是れに由りて始めて大八洲国の号起れり、

とあり、日本書紀に引用した一書というものには、

然して後に宮を同じくして共に住みて児を生む、大日本豊秋津洲と号づく、次に淡路の洲、次に伊予の二名の洲、次に筑紫の洲、次に隠岐の三子の洲、次に佐度の洲、次に越の洲、次に吉備の子洲、此れに由りて之れを大八洲国と謂ふ、

とある。これらはいずれも大八島の名の由来を説明したものだけれども、八つの島の名がこの三者によって皆違うのが甚だ不思議である。これは八つの島から成っているから大八島といったというよりは、大八島というのはどれどれかと後から充て塡めたもので、それに異説が生じたのである。すなわち古事記では淡道、伊予二名の島すなわち今の四国、隠岐、筑紫すなわち九州、伊岐、津島、佐度、大倭豊秋津島すなわち本洲の八島であるが、日本書紀では大日本豊秋津洲、伊予の二名の洲、筑紫の洲、隠岐の洲、佐渡の洲、越の洲、大洲、吉備の子洲の八島であって、古事記にある淡道は日本書紀では島の数に入れず、伊岐、津島の二島を省いてその替りに越、大洲、吉備の子洲を加えた。越はすなわち後の北陸道であり、大洲は宣長は周防国大島郡であろうという。吉備の子洲は備前国児島郡である。日本書紀の一書は両方を折衷したものである。昔は八尋殿とか八咫鏡とか、数の多い事を何となく八といった。江戸時代の国学者はこれは数詞の八ではなく、弥《いや》の意であるといい、この語釈説は甚だ幼稚であるが、これが一般の国学者の間に通用していたのである。しかし宣長は「かくてその八

は例の弥にて、もとはたゞ嶋の数の多かる意の号なりけむを、やゝ後に八つの意にとりて、その数をと、のへていひ伝へたるかとも疑はるめれども、古事記にしるされたる八つにて、畿内七道の諸国みな備はり、又他の島々は一ツもまじらずして、余れるもなく、足らざるもなければ、本より八ツの数は動かざるにこそ」といって、大八島は弥の意ではなく、その語義の通りに八つの島の意に解して差し支えがないというのである。宣長は古事記を宗とするから、この所伝の方が正しいとして、日本書紀などの所伝は採用しないのである。また神道家には大八島は葦原の中つ国と同じく大地を悉く指すのであるといい、また八島の霊は生島の神で、それを祭るのが八十島祭であるから、八島は八十島ともいって、多数の意であるともいう。

古事記に八千矛の神すなわち大国主の命が高志《こし》の国の沼河比売《ぬなかはひめ》に求婚せられて、その家に到って歌われた御歌として、

八千戈《やちほこ》の　神の命は　八島国　妻婚《つまま》ぎかねて　遠々し　高志《こし》の国に　賢し女《さかしめ》を　有りと聞かして　美し女《くはしめ》を　有りと聞こして　さ婚《よば》ひに　有り立たし　婚ひに　有り通はせ　太刀《たち》が緒《を》も　未だ解かずて　襲衣《おすひ》をも　未だ解かねば　少女《をとめ》の　鳴《な》すや板戸を　押《お》そぶらひ　我が立たせれば　引こづらひ　我が立たせれば　青山に　鵺《ぬえ》は鳴きぬ　小野《さぬ》つ鳥　きゞしは響《とよ》む　庭つ鳥　鶏《かけ》は鳴く　憂《うれ》たくも　鳴くなる鳥か　此の鳥も　打ちやめこせね　いしたぶや　天馳使《あまはせつかひ》　事の語り言もこを

ば

というのを載せている。古事記ではこれを八千矛の神の御歌としているが、御歌の中には八千矛の神が求婚に出かけられた始めから、それが成功しなかったことまで、事の始末を叙してあって、どうも八千矛の神の御歌としては受け取られないように思われる。これは八千矛の神の恋愛物語を歌った数首のうちの一首で、それゆえ最後の句にも「事の語り言もこをば」とあるので、これは物語はこの通りという意味である。私はかつて語部《かたりべ》というものは伝えられているような歴史家ではなく、一種の芸能人で、この八千矛の神の御歌というのはその芸能人が歌っていた歌であろうということを論じたことがある。それはともかくも、この御歌では八千矛の神は八島国から出かけて高志の国に行かれたので、八島国のうちには高志の国はなく、八島国は八千矛の神の郷国で、そのほかに高志の国などいろいろの国があったことになる。宣長はこの歌のことはもちろん知っていたので、「やしまくには八島国にて、八島国の中にてと云意なり」と簡単に説き去って、この矛盾を意に介していないようすである。しかしこれは八島国の中にてと解釈しても、高志の国がその外にあるのだから、どうしても都合が悪い。日本書紀巻十七に勾大兄《まがりのおおえ》皇子が春日皇女を訪ねられた時の御歌として、

八島国　妻覓《ま》きかねて　春日《はるひ》の　春日《かすが》の国に　美《くは》し女を　有りと聞きて　良《よろ》し女を　有りと聞き
て　真木割く　檜の板戸を　押し開らき　我れ入りまし　あととり　つまとりして　まくらとり

つまとりして　妹が手を　我れにまかしめ　我が手をば　妹にまかしめ　まさきつら　たゝきあざはり　しゝくしろ　美寐《うまい》ねしとに　庭つ鳥　鶏は鳴くなり　野《ぬ》つ鳥　きゞしは響む　はしけくも　未だいはずて　明けにけり我妹《わぎも》

とあり、この御歌は八千矛の神の御歌の異伝であるが、この御歌では春日の国が八島国の外にあることになる。いずれにしても大八洲国という国号の由来を八つの島から成立するからと解釈しては、こういうところに差し支えが出てくることになる。

古事記によると速須佐之男《はやすさのを》命と櫛名田比売《くしなだひめ》との間に生まれられた神に八島士奴美《やしまじぬみ》神という神があり、また大国主の神が八島牟遅能神《やしまむちのかみ》の女鳥取の神との間に鳥鳴海の神を生みましたとある。日本書紀巻一の宝剣出現章の一書に素戔鳴尊と稲田媛との間に生ませられた御児に清之湯山主三名狭漏彦八島篠《すがのゆやまぬしみなさろひこやしましぬ》という神があったと見えている。この神は古事記にいう八島士奴美神ではなかろうか。この神は一つに清之繋名坂軽彦八島手命《すがのかけなさかかるひこやしまてのみこと》といい、また清之湯山主三名狭漏彦八島野《すがのゆやまぬしみなさろひこやしまの》といい、五世の孫がすなわち大国主神であるという。宣長は八島士奴美の神は八島知主の意で、大国主の神が国造りの後に天下を統治してからの追号であろうといい、八島牟遅の牟遅は大穴牟遅と同じだといって、いずれもこの八島というのを大八洲の八島の意に解している。ともかくも出雲の神々に八島という名のあることは十分に注意しなければならない。前章に葦原の中つ国ということを説いたところに、大国主の命に葦原の醜男という別名のあることに触れておいた。葦原といい八島といい、出雲の神々の御名にそういうことがあるのは、その地方にそういう所があったろうということが考えられる。一地方の名が次第に広まって、後には大きな地名になるという原則が、この場合にも充て嵌まるかどうか、ともかくもこのことは一往十分に考慮する必要があるだろうと思う。

六、やまと

前章で令の公式令の詔書式では、わが天皇を対外的の場合には天《あめ》の下《した》知《し》ろしめすやまとの天皇《すめらみこと》と申し、国内的の場合には大八洲《おおやしまぐに》知ろしめす天皇と申すということを述べたが、日本書紀巻二十五孝徳天皇大化元年七月十日の条には、なるほど高麗《こま》使にも百済《くだら》使にも明神御宇日本《あきつみかみとあめのしたしろしめすやまとの》天皇と仰せられたとあるが、二年二月十五日の条には臣《おみ》、連《むらじ》、国造《くにのみやつこ》、伴造《とものみやつこ》および諸《もろもろ》の百姓に詔して、明神御宇日本倭《やまと》根子《ねこ》天皇と仰せられたとある。日本倭根子は重複しているが、書紀集解には日本の二字は竄入だとあり、また異本によっては倭の文字の無い本もある。根子というのは尊称だということである。続日本紀巻一の巻頭にある文武天皇即位後の詔詞には始めには「現御神と大八島国知ろしめす天皇」とあるが、御文中には「現御神と大八島国知ろしめす倭根子天皇」とある。この通りやまとというのは国内的にもしばしば用いられていたとみえて、これは対外的にも国内的にも公式の国号であったとみえる。

しかるに古事記、日本書紀、万葉集などに見えているやまとという語の用例は、その範囲が広狭様々で甚だ不確定なのである。すでに人々に知られているように、畿内の一国としてのやまとの国というものがある。その広さは今日の奈良県と一致するのである。契沖は神武天皇紀に饒速日命《にぎはやひのみこと》が天《あま》の磐船《いわふね》に乗って天降られたので、そこで虚空見日本国《そらみつやまとのくに》といい、また万葉集に多く見える虚見津倭国というのは和州の別名であるが、万葉集巻一の巻頭の雄略天皇の御製および巻十九の孝謙天皇の御製に詠ませられたのはこの国の総名で、この「総別ノ分」を心得ておかなければならないという。すなわち天の下の総名と大和一国の別名との両途の用法があるというのである。このことは契沖に限らず、およそあらゆる学者のみなひとしく心得ていることであり、それも契沖などよりもまだまだ早い時分からのことであった。

釈日本紀の開題に、

問ふ、本国の号何ぞ独り大和国に取りて国号と為すや、説に云はく、磐余彦《いはれひこの》天皇天下を定めて、大和国に至りて王業始めて成る、仍りて王業を成す地を以ちて国号と為す、譬へば猶ほ周の成王成周に於いて王業を定む、仍りて国を周と号す、

問ふ、和国の始祖筑紫に天降る、何に因りて偏に倭国に取りて国号と為すや、説に云はく、周の后稷部《こうしょくたい》に封ぜられ、公劉豳《こうりゅうひん》に居り、王業萌すと雖ども、武王に至りて周に居り、始めて王業を定む、仍りて周を取り号と為す、本朝の事も亦た其れ此くの如し、

とある。釈日本紀は卜部兼方が鎌倉時代の中ごろに撰した日本書紀の末疏であるが、この文章は大夫房覚明の和漢朗詠集私注の序にも、そのまま見えているから、おそらく兼方は延喜か承平かの日本紀私記を引用しているのであろう。すなわち平安時代の中ごろから大和一州の別名と全国の総名との関係が問題となっていて、その時の博士、すなわち講師は、その解答として、大和一州の名が本で、神武天皇がこの国で王業を定められたから、全国の国号となったといったのである。しかるにある人は、天孫が筑紫の日向に天降られたのに、何故に日向を国号としないで、大和を国号としたかという質問をした。博士はシナの周の例をもってそれに答えたのである。周の始祖后稷は堯、舜および夏の禹王から農師として邰に封ぜられ、その曾孫公劉は豳に遷り、后稷十五世の孫昌は西伯となって周に移り、その子武王発は殷《いん》の紂《ちゅう》王を滅ぼして天子となり、父の昌を文王としたという。講師はこの周の例をもって、本朝も天孫が日向に天降られたけれども、神武天皇が大和に王業を成就せられたから、その大和をもって全国の総名としたというのである。

この説はその後忌部正通の神代巻口訣、一条兼良の日本紀纂疏等、日本書紀の注疏家に多く継承せられ、近世の学者にもまた追随せられている。契沖は「別ヲ以テ摠ニ被ラシムル」とか「別名ヲ以テ惣名トスルナリ」などいい、真淵も冠辞考に「譬ば大和は一国の名なるが、惣ての皇国の名の如くなりつるも、古へは専ら大和に都し給ひつれば也」といった。真淵は神武天皇以来歴代大和国内に都せられたからだというのである。けだし、こういう考え方は甚だ常識的なので、自然に追随者も多いのであろう。しかるに顕昭の古今集序注に引く宇治山喜撰式というものに「又六十余州皆倭と名づくと雖も、惣属別名の故に五畿の中に大和国の名有るか」とあり、この惣属別というのは少し難解だけれども、おそらく惣に別が属するという意味であろう。すなわち六十余州全国をやまというけれども、惣に別が属するから、五畿内の中にもやまとの国があるのだということらしく、これは全国の惣名が先にあって、それで大和一国の別名がつけられたというのである。北畠親房の古今集序注にも「やまとと云は惣て日本一国の名、わかれて畿内大和国なり、畿内大和は人皇のはじめ神武天皇より四十代の都にて、此国の最中なり、仍大和といふ」とあって、私記などの一般の通説とは逆である。喜撰式では惣国の名が何故に大和一国の別名になったのか、その理由を明らかにしていないが、親房は大和が神武天皇以来の皇都になり、かつこの国の中央にあるから、全国の名を通用したというのである。いずれにしても全国の名と大和一国の名とが、総別の関係にあって、たがいに融通せられたと考えていたのである。

神武天皇以来御歴代大和国に都せられたというけれども、実は大化の改新以前にはまだ今日の奈良県に相当する大和国というものは無かったのである。クニというものはもちろん大昔からあった。大昔ではわが国到るところまだ斧鉞を加えない深林や水量の豊富な大河があって、その間の僅かな平地に人々は住み、またそこを耕していたのである。それをクニといい、高いところからそういう平地を眺めるのを国見といった。神武天皇が嗛間の丘から御覧になったというのがそれである。そういうクニはそれぞれ首長があって独立割拠していたが、皇威が四辺にのびるにしたがって、皆傘下に服属し、朝廷からその首長を国造《くにのみやつこ》とか、県主《あがたぬし》とか名づけられたのである。そういうところへ大化になって、シナの郡県制度がとり入れられてきた。そのころのシナでは地方に郡を置き、その下に県を置いた。唐ではそれ以前郡といったのを州と改めたのである。わが大化にその制度を採り入れて、その郡とか州とかに相当するものをクニ（国）といい、県に相当するものをコホリ（郡、評）といい、以前の国造、県主の領土をそのまま、あるいは多少修正してコホリを置かれ、それを幾らか併わせてクニを置かれた。大化の時は正確にはわからないが五十余国あったろうといわれている。奈良県に相当する大和国というものもその時に始めてできたもので、神武天皇以来御歴代大和国に都せられたというのも、大化以後の姿から、逆に上古に溯及した考え方である。しかし私は大和一国の別名が全国の総名となったという考え方は間違っていないだろうと思う。それは皇威が顕揚せられるにしたがってやまとという地域も広くなって行ったからであるが、その大和一国が大化の時にやまとと名づけられたのは、その国内の一地方にやまとという処があって、大和一国の別名が全国の総名となったのと同じ理由で、それが大和一国の総名となったものと思われる。

古典におけるやまとという地名の用例は広狭様々で甚だ複雑である。古事記下巻仁徳天皇の段に、天皇が黒日売を恋いまして吉備の国に幸行《いで》まして、上りました時の黒日売の歌に、

やまと辺に　西風《にし》吹き上げて　雲離れ、隔《そ》き居りとも　われ忘れめや

やまと辺に　行くは誰が夫《つま》　籠水《こもりづ》の　下よは経つゝ　行くは誰が夫

というのが見えているが、このやまとというのは勿論総国の名ではなく、仁徳天皇は難波の高津の宮に都せられたのだから、大和一国の名でもない。この歌が古事記の記載の通り吉備の黒日売の詠んだ歌だとすれば、総別いずれのやまとでもないといわなければならない。また同じ段に大后石之日売《いはのひめ》の命が天皇を恨まれて木《き》の国から還られて宮に入りまさず、堀江を溯りて山代《やましろ》にいでまし、そこより還りて筒木《つつき》の韓人奴理能美《ぬりのみ》の家に入りました。その時の御歌に、

つぎねふや　山代川を　宮上り　わが上れば　青丹《あをに》よし　那良《なら》を過ぎ　をだて　やまとを過ぎ

わが見がほし国は　葛城高宮　吾家《わぎへ》のあたり

というのがある。この御歌に見えるやまとは奈良と葛城との中間にある小区域でなければならない。ちなみに、この御歌のをだてというのもやまとの枕詞であるように思われる。前に雁が卵を産んだ時の仁徳天皇と建内宿禰との唱和のことを例示したが、古事記ではそれは天皇が日女島《ひめじま》に幸行ました時のこととしている。日女島というのは難波の海中にあって、のちの学者は西成郡稗島村に擬定してい

る。そこが虚見津やまとということになる。日本書紀では「河内の人奏して言さく、茨田《まむだ》の堤にて雁産《こうめ》り」とあり、茨田は大阪府北河内郡、淀河の南岸である。しからばこれは今の河内の地方を秋津島やまとといっているものと解せられる。先に引用した柿本人麻呂の近江の荒都を過ぐる時の長歌にも「天に満つやまとを措きて青丹吉平山《ならやま》を越え」とあって、やまとを措きてというのは大倭国を捨てて という意味に解するのが一般の解釈のようであるけれども、奈良山を越えというのであるから、大和一国よりもさらに狭い地域を指すものと思われる。万葉集巻三の人麻呂の羇旅の歌八首のうちに、

天離《あまさか》る　夷《ひな》の長道《ながち》ゆ　恋来れば　明石の門《と》より　やまと島見ゆ

というのがある。これはおそらく瀬戸内の船旅で、明石海峡から難波の方を眺めたのであろう。このやまと島は勿論全国の総名でもなければ、大和一国の別名でもない。明石からは到底大和は見えないのである。また万葉集の、

海原の　澳《おき》べに燃し　漁火は　明して燃せ　やまと島見む（巻十五）

名くはしき　稲見の海の　澳つ波　千重に隠《かく》りぬ　やまと島ねは（巻三）

のやまと島は全国でもない、大和一国でもない。あるいは今いうところの本洲の陸地を指すのかも知れない。

二柱の神が島々を生ませられたうちの大倭豊秋津島、これは他の島々に対して考えると本洲に相当

するものと思われるが、宣長はやまとは一国の名か天下の大号かいずれかであるが、この場合は他の七洲を除いた一洲だけのことさらに名が無いから、姑《しばら》くおほやまとといったのだといっているが、特にそうむつかしく解釈しなくともよかろうと思う。やまとという名には広くも狭くも様々の段階があって、それはやまとという国の勢力が次第に大きくなって行く足跡を示しているのではなかろうか。

真淵は其の万葉考の別記に藤原常香という人の説として、大和国の山辺郡の大和郷は古は名高い郷で、この郷の名がひろまって一国の名となったのだろうといったのを引いて、それを肯定し、さらに神武天皇の紀に珍彦《うづひこ》を倭《やまと》の国造《くにのみやつこ》とし、剣根《つるぎね》を葛城《かつらぎ》の国造としたとあるその倭は一国のやまとではなく、山辺郡の郷であり、崇神天皇の紀に市磯長尾市《いちしながをいち》を倭国魂神《やまとのくにたまのかみ》の主としたというのも山辺郡に坐《いま》す神である。仁徳天皇の大后の御歌にをだてやまとを過ぎとあり、万葉集巻一の藤原の御井の歌にやまとの青香具山《あをかぐやま》といい、吉野宮に幸せし時の歌にやまとには鳴てか来らんというのも山辺郡のやまとである。駿河国に駿河郡駿河郷が有るように、郡の名を国の名とし、郷の名を郡の名とするものだといった。この駿河国駿河郡駿河郷のような例は他にも多く、宣長はそれを追加して、出雲国出雲郡出雲郷、安芸国安芸郡安芸郷、大隅国大隅郡大隅郷などを挙げている。唐の制度では州の下に県があり、県の下に郷があり、郷の下に里がある。わが大化の制度では、それに倣って州をクニといい、県をコホリといい、その下の郷を省いて、直ちに里を置き、それを最下級の郷党制度とした。しかるに出雲国風土記によると、霊亀元年（七一五）に里を改めて郷としたという。大和国山辺郡大和郷などというのはその後の姿で、ことにここに拾い挙げられた郡郷の名はおそらく和名抄の国郡部に拠ったものらしく、この国郡部というのは源順《みなもとのしたごう》の著わした本の和名抄には無く、のちの人の追補したもので、やや考拠に足らないものである。さればこういう郡郷の名から説を立てるのはどうかという人もあろうかと思うが、しかし同じ地名が広狭様々に用いられ、その狭い土地の名が次第に拡大して、広い所の名となって行くというのはありそうに思われるので、そこで山辺郡のやまとというのが、のちに次第に広く、大化に国郡を置かれた時に一国のやまとの名となったということはもっともなことのように思う。

　そうはいうものの狭い地名がすべていわれなく広い地名になって行くということはない。そうなるには何か理由がなければならない。それについて真淵はさらに諸国はその国魂《くにたま》の神の坐《いま》す所を本郷としたと思われるという。尾張国中島郡に尾張大国霊《おわりのおおくにたま》神社があり、遠江国磐田郡に淡海国玉《おうみのくにたま》神社があり、能登国能登郡に能登生国玉比古《のといくくにたまひこ》神社があり、難波の東生郡に難波生国魂《なにはのいくくにたま》社があり、大和もその例の通りであろうという。これは甚だ傾聴すべき説であるが、ただその国魂の鎮座せられた所がその地方の文化の中心であったことが証明せられたならばなおよろしかったろうと思う。内山真龍の国号考の大倭国の条にもこの説を承けて、大倭国は今の大和一国のことではない、大和国山辺郡大和坐大国魂神社のある地で、山辺郡滝知村である、昔の国というのは広大な地をいうのではなく、家群《いえむら》のある所をいったのだという。

宣長の国号考にはこの問題をさらに詳細に考証して、さすがに精細感服すべきものがあるが、しかし宣長はその師真淵の説を必ずしも承認していない。まず倭郷は延喜式の神名帳には山辺郡大和坐大国魂神社とあるけれども、和名抄には城下郡に「大和於保夜末止《おほやまと》」とあり、続日本紀天平宝字二年（七五八）の文にも城下郡大和神山とあるから、もと城下郡にあって、のちに山辺郡に入ったのであろう。御社は今も天理市新泉町にある。和名抄の郡郷部の名は奈良朝のころに記したものによったと思われるから、かえって神名帳よりも古いこともあるという。宣長は自分の議論に都合のよいように和名抄の郡郷部を評価している。郷の名を和名抄にオホヤマトとあるのは、真淵は平安時代の称だといったのを、宣長は垂仁天皇紀に大倭直というのが見え、また今の続日本紀の天平宝字二年の文にも大和とあるではないかといっている。垂仁天皇紀すなわち日本書紀は養老四年（七二〇）に撰上せられ、続日本紀の天平宝字二年（七五八）の条は延暦十六年（七九七）に成ったものである。その大倭直も大和神山とともに単にやまとと訓むのであって、大の字は訓まないのである。宣長はそういうことは十分承知しながら、和名抄を救うためにそういうことをいったのであろう。私はオホヤマトという和名抄の訓も信用しないのである。宣長はさらに郷の名が国の名になった例は多いけれども、やまとの郷はかえって国の名が郷の名になったのだ。それは倭国魂神がのちに鎮坐せられたからで、伊勢国のうちでも、大神宮の鎮坐せられた里をことに伊勢というようなものだといった。大神宮の鎮坐せられている宇治山田、今の伊勢市（宣長は勿論伊勢市のことは知らない）を特に伊勢というのはむげに後世の俗称で、それで倭国魂神の鎮坐の地を推すのは不当である。ことに前にもいったように、大和の国というものは大化以後に置かれたもので、倭国魂神は決してそれよりのちに鎮坐せられたものでないことは極めて明らかである。

　宣長はまた日本書紀に神武天皇が珍彦を倭国造にせられたとあるのは疑わしいという。私もなるほどこれは疑わしいと思うけれども、そのことは差し当りここには関係がない。倭国魂神はもとは大殿のうちに祭られてあったのを、崇神天皇の御時に他所に移し、市磯長尾市《いちしながをいち》を神主とせられたのである。垂仁天皇紀の一書に渟名城稚姫命《ぬなきわかひめのみこと》に命《おお》せて神地を穴磯《あなし》の邑に定め、大市《おおち》の長岡岬に祠らしめられた。しかるに渟名城稚姫命は身体痩弱《やさが》みて祭ることができなかったので、大倭直の祖長尾市宿禰に命せて祭らしめられたとある。最初からやまとの郷に祠ったものならば、倭邑に祠るとあるべきで、神地を穴磯の邑に定めたというのである。穴磯の大市はのちには城上郡に属するが、始めは城上、城下、山辺の三郡が境を接したところ、その大名を穴磯といい、そのうちの大市の長岡岬に祠られたのであろう。倭の大神の鎮坐せられたから、のちに倭の郷といったのである。倭国造も垂仁天皇紀まではまだ倭直とあって国造とはいわず、国造とあるのは雄略天皇紀で、それは倭大神の神主となってのちのことであろう。また倭大神も大倭一国の国御魂の神となられたゆえの名で、鎮坐の地名による名ではないといった。宣長の意見のうち、この神の祀られた時やまとの郷というものは無かったろうというのはあるいはそうかもしれない。この神が鎮坐せられたから、そこをやまとの郷といったろうというが、私はむしろそのころやまとの郷というものは無かったろうと思う。また倭国造も垂仁天皇紀までは倭直《あたえ》といい、雄略天皇紀になって始めて国造とあるというが、垂仁天皇紀も雄略天皇紀もともに同じく養老四年（七二〇）に書かれたものであるということを考えなければならない。

国造というのは職名で、直《あたえ》というのはカバネである。直がのちになって国造となったのではない。国造のカバネには臣《おみ》とか君《きみ》とかいうのもあるが、ほとんどは直であって、倭直が倭国造であることとは衝突しないのである。上古はどこの国でもみな同じ事情であって、国内に多数の小勢力が分立割拠していたのである。それが皇威に服属して、朝廷からそれを国造とか県主とか呼ばれたのである。国造などはその領内にそれぞれその神祇を奉斎したろうが、そのうちでも最も神威が高く霊験の著しかったのが四隣の崇敬を集めたことであろう。やまとの国造の祀る倭国魂神はそういう神ではなかったろうか。この神社は山辺郡の南端の、磯城郡に近いところにある。山辺郡か城下郡かの問題はそれほど重大ではない。わが上古の帝都は景行天皇の志賀の高穴穂宮、仁徳天皇の難波の高津宮などをしばらく例外として、神武天皇の橿原宮を始めとして、ほとんど大和国の中央部にあり、北から数えて添上、山辺、城上、城下、その南の高市、西の葛上、葛下などの諸郡であり、倭国魂神はほぼその中心に鎮坐している。平安の京に遷られてから、朝廷では賀茂の上下の宮を篤く崇敬せられたように、当時の朝廷はこの神社を崇敬せられたのではなかろうか。そこで朝権が四遠におよぶにしたがって、神威もまたそれにつれて広まったであろう。倭国魂という名はやまとの国造の国の御魂ということであろうから、やまとはすなわちその国造の国の名で、その地名が神威とともに広く、大化に国郡制を布かれた時に、それによって大和一国の名となったのであろう。また朝廷がこの神を崇敬せられるとともに、皇威が全国に及んで、また全国の名となり、それも大化に大倭一国を置かれてよりもはるかに以前のことであろう。そして皇威の及ぶところ遠くも近くも、広くも狭くも、またやまととよばれたものと信ずる。

人々は不思議なほどに語源の穿鑿に深入するものだ。地名についても大昔からいろいろといわれて、古事記、日本書紀、また風土記に多くの地名伝説が伝えられている。やまとという名の由来についても、古来いろいろ論じられてきた。私はそれにはあまり興味を惹かれないが、一往その紹介だけはしておこう。弘仁日本紀私記、すなわち弘仁三年（八一二）に朝廷で日本書紀を講ぜられた時の筆記のその序にやまとの語源を説いて、夫れ天地剖判して泥湿ひて未だ燥《かは》かず、是を以ちて山に栖みて往来す、因りて蹤跡多し、故にやまとと曰ふ、又古語居住を謂つて止《と》と為す、言は山に止住するなり、

といい、すなわち初めて天地が分れた時に、土地が潤めっているので、人々は山に住み、山にその跡があるから山跡《やまと》というのだという説である。天地が分れた時に人間があったであろうか。これはいくら昔の人でもあまりに幼稚な考えである。この弘仁私記の序というものはのちの偽作であるが、延喜私記にはこの説を承けているから、延喜よりも早いころのものであろう。

釈日本紀に引く延喜私記には、

大倭国草昧の始未だ居舎有らず、人民唯だ山に拠りて居る、仍りて山戸と曰ふ、是れ山に留る意なり、又或る説に云はく、開闢の始土湿ひて未だ乾かず、山に登るに至りて人跡著し、仍りて山跡と曰ふ、

と、すなわち弘仁説というものを布演して、山戸、山留、山跡の三説を挙げている。この講筵のとき質問者があって、「諸国の人民倶に山に拠りて居るや、将た只だ大和国人のみ独り山に拠るや」といったところが、博士は「大和国のみ独り此の事有り」と答えた。これもひどく無理押しした暴説である。こういう幼稚な考えでも、その後の人に多く継承せられ、遠く近世の学者にまで及んでいるのは不思議千万である。顕昭の古今集序注、覚明の倭漢朗詠集私注、北畠親房の古今集序注、同じ人の神

皇正統記、忌部正通の神代巻口訣、一条兼良の日本紀纂疏、吉田兼倶の神代紀抄、清原宣賢の神代紀抄、また中世のものと思われる日本得名、月苅藻集などにもこの説が見え、京都の北野神社所蔵の後西天皇の御短冊にも、

足曳の　やまと丶いふも　山の迹　これよりなれる　此の国の名ぞ

とある。また兼倶の抄に、

大和国ト云ヿ也的ト云義アリ、的ト云字照《アラハシ》テ見也、天地開闢ノマツタンテキノヿヲ云ンタメ、

倭ヤマト、云、此字ガ本也、和字ワロシ、

とも見えている。端的という熟字の的をマトと訓ませる奇説である。

近世になるとまず貝原益軒はその和爾雅および日本釈名にはともに神武天皇が日向より東征せられた時、まず難波から枚方《ひらかた》に上らせられ、それから生駒山を越えて大和に入らせられようとしたが、大和は生駒山の外にある国だから山外《やまと》といった。ととは外ということであるという。この説はまた多くの信奉者を出し、ことに儒者にそれを奉じるものが多かった。

国学者側では契沖の万葉集代匠記には、弘仁説を「甘心セラレズ」といって貶しながら、「先ヤマト、云ハヤマハ山、トハ処ナリ、タチド、フシドナド云トノ如シ、本一国ノ別名ナリ、神武紀ニ東有㆓美地㆒、青山四周ト塩土老翁ト云神ノ宣セシハ是ナリ」といい、その意味は弘仁説とは違うけれども、

語源は大差はない。真淵の万葉考には益軒の説を一往是認しながら、また日下部高豊という人の説を紹介して、大和の国は東南西に高山ども重回り、北の奈良坂の方のみ山低く開けたれば、山門の国という意ならんといった。宣長の国号考では、その師の万葉考の説を承認して、さてやまとのやまは山の意であるが、とについては三つの考えがあるといい、その一つに、とは処の意であるという。これは契沖と同じである。二つにはとはつほのつまったもので、つというのはのという意味の古言、ほというのは「すべて物につゝまれこもりたる処をいへる古言」とて、つまり山に囲まれた処の意だという。三つにはとはうつの転で、うを省き、つととは同行で通わしたもので、そのうつというのはうちということで、要するに山の内、すなわち山に囲まれた所だという。これを例の該博な考証で人を圧倒しようとしている。宣長と同門の荒木田久老の槻の落葉の内の続日本後紀歌考にはやまとは家庭《やには》処《と》の略転であるという。それは家居する平原の意で、饒速日命《にぎはやひのみこと》が大虚から見そなわして、青垣山ごもれる家庭の処と思しめして、やまとに天降られたのであろうというのである。また同門の内山真龍の国号考には国を南北に分けて兄弟《せと》といい、やまとは山弟の意だという。宣長の門人なる斎藤彦麻呂の諸国名義考にはその師のやまつほの説に賛しているが、高田与清《ともきよ》の国名考にはやまとのともやましろのしろもともに処の意で、ことにやまとは青山四周して、そのうち自ら一場をなしているからであるという。与清はまたやまちだという説をも引いている。これは誰の説か知られないが、やまちというのは山内の意で、いわゆる玉牆の内つ国とか青垣山隠《こも》れるやまとかの心であるという。これはおそらく宣長の説であろう。そして山処というのは結局契沖の旧説にかえったものである。

こういう風に人々はああでもないこうでもないと、いろいろ競うて説を立てたけれども、要するにそれはいずれも山ということにこだわっているので、大和の国が四方を山で包まれているということから思い付いたものである。しかるに橘守部はその稜威道別《いつのちわき》にやまとというのは東に望む山つづきの山城、伊賀、伊勢、尾張などからして常陸までを包《か》ねたるところをいうので、その名義は「東に遙に望む山の止《とど》み」の意、これは日向から東を望んで呼んだものだというのである。さすがに奇説家の面目躍如たるものがある。

七、倭

昔のシナ人らはわが国人を倭といい、それはまたわが国のことをも指したのである。漢書の地理志に、

夫れ楽浪海中に倭人有り、分れて百余国を為す、歳時を以ちて来りて献見すと云ふ、

とあり、漢は西暦八年に滅びたのであるから、これはその紀元前の様子を述べているのであろう。漢は武帝の時に衛氏の朝鮮を征してここに四郡を置き、今の平壌の辺を楽浪郡といった。楽浪海中というのは朝鮮半島の先の海の中ということで、すなわち日本海を指すのである。その海の内にある国とはすなわちわが国である。分れて百余国をなすというのは、当時国造《くにのみやつこ》とか県主《あがたぬし》とかいう豪族が割拠していた様子を述べているので、百余国というのは大数で、正確に勘定したものではなく、そういう小さい土豪国がたくさんあったというのである。これはおそらくわが西辺のことをいっているのであろうが、それらの土豪の中にはシナに交通していたものがあったというのである。

シナの書で倭のことが見えている最も早いものはおそらく山海経《せんがいきょう》であろう。この書はシナ山海の地

理、動植のことを記したもので、堯時の作だといわれているが、周末か秦時のものであろうということである。その巻十二海内北経にあるものを原文のまま引用すると、

蓋国在鉅燕南倭北倭属燕、

とあり、それを昔から「蓋国は鉅燕に在り、南倭北倭は燕に属す」と訓んできた。その訓み方の可否についてはのちにまた述べることとするが、その倭というのはわが国のことと解して、さてしからばその南倭北倭というのはそもそも何処か。これが昔から近ごろまでいろいろと議論せられてきたのである。承平日本紀私記の開題に、

問ふ、倭国の中南北二倭有り、其の意如何、師説、延喜説に云はく、北倭は此の国為るべし、南倭は女国と云々、此の説已に証拠無し、未だ全得と為さず、又南北二倭は是れ本朝の南北の辺州なり、指別すべきの由無し、

とあり、すなわち延喜に日本書紀を講義した時、その博士藤原春海は、北倭というのは此の国すなわち日本で、南倭というのは女国であるといった。それを承平の時の博士矢田部公望は、その説は証拠がないといって貶け、そして南倭北倭はわが国の端の方の国々で、何処といって指示することはできないというのである。春海のいう女国というのはおそらく唐の杜佑の通典に見えているものであろう。通典には扶桑国の沙門恵深の話だとして、扶桑国の東千余里に女国があり、その人容貌端正、色甚だ

潔白だとか、妊娠六―七ヵ月にして子を産み、女人は胸前に乳無く、項後に毛を生じ、根は白く、毛中に汁乳有り、子は百日にして能く行き、三―四年にしてすなわち人となるとか、あるいは女はすなわち中国人のごとくにして言語暁るべからず、男はすなわち人身にして狗頭、その声犬吠のごとしなどと、甚だ妄誕な話を載せている。

近世になって、松下見林の異称日本伝には、南倭北倭とは日本は遼東からすれば南、呉越からすれば北であるから、南倭といい北倭というのであって、燕に属すというのは非なりという。新井白石の蝦夷志の序に蝦夷が古の北倭であるという。白石はおそらくわが本土を南倭というと解していたのであろう。谷重遠の秦山集に南倭北倭というのは日本のことではないという。その理由は「見るべし、燕と日本と風馬牛も尚ほ比するに足らざるなり」というのである。そして重遠は山海経は後世の偽作だと断定している。幕末の学者鶴峯戊申《しげのぶ》はその襲国偽僣考にも、また随筆の海西漫録にも、昔のシナ人が倭といったのは九州の地のことで、山海経の南倭というのもすなわちそれであり、それに対して北倭というのは四国か、あるいは総国をいうのだという。

ところが山海経のこの文は、近ごろの学者は一般に「蓋国は鉅に在り、燕の南、倭の北、倭は燕に属す」と訓んでいる。いつごろからそう訓むことになったのか、あるいは京都の内藤湖南先生がその最初だったのではなかろうか。この一文は蓋という国のことを説いているので、それは鉅という所にあり、その処は燕の南、倭の北に当るというのである。倭が燕に属するというので、昔の学者はひどく気にしたが、属すというのは服属の意味ではなく、その方角に当るということである。燕というのは周時今の河北省の地、すなわちその版図の東北の隅にあった国である。古代のシナ人はその外方の地理的智識を持っていなかったので、それより東北、満洲から朝鮮辺までも皆燕地といったのである。漢書の地理志に「燕地は尾、箕の分野なり」という。二十八宿で尾宿、箕宿は東北に配せられているのである。また「危の四度より斗の六度に至るまで、之れを析木の次と謂ふ、燕の分なり」ともいう。危宿、斗宿は北東に配せられているのである。それ故漢書には倭のことを燕地のところに書いているのである。伊勢の儒者津坂孝綽の薈瓚録《かいさんろく》には「蓋し高麗より伝へて、燕人に聞及びたるを以て、燕に属せる国と思へるなり」といっているが、周時にはまだ高麗という国はなかったのである。魏志巻三十の韓伝によると、魏時すなわち三世紀のころにはわが国人は朝鮮半島の南端を占拠していたのである。この形勢は周時には果してどうであったか明らかではないけれども、蓋国というのはあるいは朝鮮半島の辺にあったのであろう。それ故燕の南、倭の北というのであり、倭は燕の方角にあるというのであろう。

昔のシナ人は何故にわが国を倭といったのであろうか。わが国語の語源でもそうたやすくはわからないのに、いわんやシナ語の語源などはなかなかわかるはずはない。それでも昔から人々は頻りにこれを穿鑿してきた。倭の字は字書では於為切、音はイとも、また烏禾切、烏果切、音はワともあり、わが国ではその後の方によってワと読んできた。弘仁私記の序には、

古はこれを倭国と謂ふ、但し倭の義未だ詳ならず、或るひと曰はく、我と称ふの音に取り、漢人の名づくる所の字なりと、

とあり、我と称うの音に取るというのは、国人がかの地に渡った時、本国の名を問われてワレといった、シナ人がそれによって倭といったのであるというのである。承平私記には、

問ふ、此の倭字の訓、其の解如何、

師説、延喜説、漢書に晋灼、如淳各注釈有り、然り而して惣じて明訓無き字なり、今案ずるに、諸の字書等の中亦た指せる訓読無し、

といって明答を避けているが、この師説というのは矢田部公望の説、延喜説というのは藤原春海の説である。しかるに釈日本紀には、

問ふ、唐国我が国を謂つて倭奴国と為す、其の義如何、

答ふ、師説に此の国の人昔彼の国に到る、唐人問うて云はく、汝の国の名称如何と、自ら東方を指して答へて云はく、和奴《わぬ》国やと云々、和奴とは猶ほ我が国と言ふが如し、其れより後之れを和奴国と謂ふ、或る書に曰はく、筑紫の人隋代彼の国に到りて此の事を称ふ、

又問ふ、若し然らば和奴の号は隋代より起るか、

答ふ、此の号隋時に非ず、然るときんば則ち或る書の説未だ全得と為さず、

とあり、倭奴のことは次章で詳しく述べるが、ともかくもこれもまた弘仁説を承けているものである。顕昭の古今集序注にもこの説を引いているから、釈日本紀の記事はおそらく延喜か承平かの私記を引用しているのであろう。この幼稚至極な語源説も、北畠親房の古今集序注、一条兼良の日本紀纂疏、近世になって松下見林の異称日本伝にも見えているから、案外のちまで長く筋を曳くものであることが知られる。

漢の許慎の説文解字、この書は文字の成立を説明する一種の字書である。それに「倭は順の貌、人に从ひ、委の声」とある。それは倭という文字は従順を示すもので、この文字は人偏すなわち人に属するもので、その音は委であるという。神代巻口訣に「時に神慮大倭、以て義を取る」と大倭にオホイニヤワラグという旁訓を付けてある。これも説文の説にもとづくものであろう。兼良の日本紀纂疏に「倭は順の貌、蓋し人心の柔順に取る」といい、清原宣賢の環翠抄にも「倭ハ柔順ノ貌也」といっている。近世の儒者もまたこれによって、国人の性質が和順であるからだという。村瀬栲亭の芸苑日渉、狩谷棭斎の箋注倭名類聚抄の序等この説を唱えているもの甚だ多い。しかし人見友元、木下順庵らは倭は矮であって短人の意、シナ人が我を慢する号であるという。順庵の徒新井白石は古史通或問

に、

　たとへば漢人の梵語をしるせし事の如くに、漢音を用ひて我国の語をしるしたりき、オホクニをしるして倭国となし、ヤマトクニをしるして邪馬臺国となすがごとき皆然り、

といっている。すなわち倭国はオホクニの対音であるという。これは甚だ奇説である。なお邪馬臺国のことはのちに述べる。

　前章にも述べたように、わが上古では全国も、大和一国も、あるいはその他の地方にもやまとという名があった。当時は勿論まだ仮名文字はできていなかったので、文字は皆漢字を仮りたのであるが、シナ人がわが国またはわが国人を倭といったから、やまとを表記するのにまた倭字を仮りたのである。あるいは歌謡などを写す場合には夜麻登、耶麻騰、椰磨等、夜麻苫、夜莽苫などの漢字の音を仮りて、すなわちいわゆる万葉仮名で表記した。古事記には全国のやまとにも畿内の一国にも皆倭字を用いて区別していない。中巻景行天皇の段小碓命《おうすのみこと》が熊襲を征せられた条に熊曾建《くまそたける》が「大倭には吾二人に益《ま》さりて建き男は坐しけり」とあり、宣長はこの大倭は和銅以後のごとく畿内の一国を言うといっているが、これは熊襲に対してわが全国をおほやまとといっているのであろう。古い風土記なる常陸国風土記には倭武命《やまとたけるのみこと》というのが九例ばかりあり、播磨国風土記は倭、大倭両用である。しかるに日本書紀では全国的の場合には日本あるいは大日本、畿内の一国の場合には倭あるいは大倭と書き別けている。

しかし時には考え違いしたのか、思い忘れたのか、崇神天皇六年の同じ条下に、倭大国魂二神とか日本大国魂神と両様に書き、巻二十五大化元年八月の条に「百済の明王仏法を我が大倭に伝へ奉る」とあり、巻二十九天武天皇三年三月の条に「凡そ銀の倭国に有ること初めて此の時に出づ」と混同している。日本書紀は全国的の場合に何故に日本と書いたか。これは日本書紀に限らず、それよりも前に世に出た令にも、やはり日本と書いているのである。これが何故であるかということは、わが国号論の中心問題となっているので、これは筆を改めて詳論することにしよう。

さて畿内の一国のやまとには続日本紀には大倭と二字に書いて、それをやまとと読ませるのである。古事記には懿徳天皇、孝安天皇、孝霊天皇、孝元天皇、清寧天皇の御名に大倭とあるが、これはおおやまとと訓むので、日本書紀にはこれを大日本と書いている。畿内の一国のやまとを大倭と書くのはしかるべき理由がある。和銅六年（七一三）五月二日に畿内七道諸国郡郷の名に二字の好字を著けしめられた。この時諸国の名の用字も一－二の例外を除いて、ほぼ後世の所用に一定したのである。やまとの国も倭字一字で結構なのであるが、大という好字を添えて二字とし、それでやはりやまとと読ませたのである。ところが天平九年（七三七）十二月二十七日に大倭国を改めて大養徳国とせられた。大養徳は好字ではあるが、三字であって、二字の制を破られたことになる。これより前大倭忌寸《やまとのいみき》小東人と同水守の二人に宿禰《すくね》の姓《かばね》を賜い、あるいは位階を昇せ、あるいは物を賜わった。これは神宣によるのである。大倭忌寸は大倭国魂神《やまとのくにたまのかみ》を祀る大倭国造の一族であって、神宣というのは国魂神の神宣に相違なく、大倭を大養徳と改めたのもやはりその神宣にもとづくのであろう。この大養徳国も天平十九年（七四七）三月十六日に大養徳国を改めて旧によって大倭国とせられた。その四月二十二日に大神《おおみわ》の神主大神伊可保、大倭の神主大倭水守の位階を昇叙せられたから、この国名の用字を改めたのもまた神宣によったのであろう。この後天平勝宝年間に至って、大倭を改めて大和とせられた。倭と和とは同音であって、しかも和字の方が好字だからであろう。この文字を改めたことは続日本紀に記事は漏れているが、宣長の考証によると、続日本紀の天平勝宝四年（七五二）十一月乙巳（三日）の条には、「従四位上藤原の朝臣永手を以ちて大倭守と為す」とあるのに、万葉集巻十九の同年十一月二十五日の歌に「右一首、大和の国の守藤原の永手の朝臣」とあるから、この間の約二十余日間のことであろうという。しかし続日本紀の記事には往々麁漏があるので、ほぼこのころのことであろうと思われるが、厳密には断定できない。この後大和の国は永くこの二字を守って改めないのである。

八、倭　奴　国

後漢書の光武紀に、

中元二年春正月辛未、東夷の倭奴国王使を遣はして奉献す、

とあり、同書の東夷列伝のうちにも、

光武の中元二年倭奴国奉貢朝賀す、使人自ら大夫と称ふ、倭国の極南界なり、光武賜ふに印綬を以ちてす、

と見えている。後漢書はシナの後漢の正史であるが、この書のことはのちに邪馬臺の章下にやや詳しく説明することとする。さてこの倭奴国のことも昔からわが国のことだと解してきたので、前に引用した釈日本紀のうちにもすでに見えているが、それより先の承平私記にも、

此の時参議淑光朝臣問うて曰はく、倭国と号し、日本と云ふ、其の意如何、又何代より此の号始まるか、

尚復答へて云はく、上代皆倭国、倭奴国と称ふなり、唐暦に至りて始めて日本の号見ゆ、

とあって、平安から鎌倉時代までの人々は倭国と倭奴国とを区別せず、同じ国の異称と認めていたらしい。近世になっても、谷川士清《ことすが》の日本書紀通証には倭奴を諾冉二尊の降られたという淤能碁呂《おのころ》島の淤能の音を写したものだといっている。後漢書に倭国の極南界とあるのだから、倭国のうちの一地方であって、倭国そのものではないのであるが、昔の人はそれには注意しなかったらしい。宣長の馭戎慨言《ぎよじゆうがいげん》に「かの倭国之極南界也とあるをも、倭は国の極南界としも訓るはいみじきひがごとなり」とあって、そのころはこういう不思議な訓み方をする人もあったのであろう。上田秋成の冠辞考続貂《かんじこうぞくちよう》にも「倭奴を御国の総号と思へる人は文字の義を得ざるべし」といっている。

後漢の中元二年（五七）というのは初代の光武帝の時の年号で、日本書紀では垂仁天皇の八十六年に当る。ところが日本書紀垂仁天皇九十年春二月庚子朔の条に「天皇田道間守《たぢまもり》に命《おほ》せて、常世《とこよ》の国に遣はして非時《ときじく》の香菓《かぐのこのみ》を求めしむ」とあり、このことは古事記の同じ天皇の段にも見えているが、それは古事記の常として、年紀は明記していない。常世の国とは遠方の国とか、シナとか、あるいは朝鮮とか、いろいろの説があるが、日本書紀に「是の常世の国は即ち神仙の秘区にして、俗の臻《いた》る所に非ず」とあって、一種の仙境であって、現実の国土を指しているのではないという。しかるに伴信友の中外経緯伝にはこれをシナのことと解し、田道間守の派遣は後漢書にいう中元二年の遣使に相当するといい、その間に四年の差があるが、「さばかりの差はあるべきなり」とか、「いさゝかの差は古書の例なり」といって、それは気にしていない。

天明四年（一七八四）二月二十三日になって、筑前国那珂郡志賀島の農夫の甚兵衛というものが、その田地の溝が迂曲していて、流水に不便であるというので、それを掘り直そうとして、たちまち一巨石に会し、それを発《おこ》せばその下に三石あって匣《はこ》のごとく、その中から一個の金印を獲《え》た。大きさ方七分七厘、厚さ三分、鈕は蛇形で高さ四分、重さ二十九匁、印文には「漢委奴国王」の五字がある。この金印が発見せられるや、天下騒然、文に遊ぶものこれについて関心を示さないものはほとんどなかった。筑前藩儒亀井南溟このことを掌り、金印はついに藩の有に帰した。今は黒田家に伝襲せられ、国宝に指定せられている。南溟の弟博多崇福寺の僧幻庵宗曄に東漢金印考（もと無題）があり、宗曄は大徳寺内の子院を主《つかさど》るために京都に上り、京儒の間に金印のことを語り、皆川淇園その踏影を得て、漢委奴国王印図記を著わし、大阪の儒者中井履軒にまた委奴印記あり、淇園、履軒らと交遊のある上田秋成に漢委奴国金印考あり、若狭の人青柳種麻呂にも後漢金印略考あり、筑前の人梶原景熙にも漢委奴国王印記（もと無題）があり、随筆、雑著では藤貞幹の好古日録、村瀬栲亭の芸苑日渉、津坂孝綽の薈瓚録、大田南畝の一話一言、小宮山楓軒の楓軒偶記などにもその説が見え、さらに私どもの眼の及ばないところにもそれを論じたもの少なくなかったろう。伴信友の中外経緯伝にもまたこのことを詳しく記している。

これらの諸説は多いけれども、その説くところはほとんど一致している。すなわち委は倭と通ずるので、これは後漢の中元二年に倭奴国の使者に授けたもの、後漢書に印綬を授くとあるのはすなわちこれだとし、そして委奴国を筑前の怡土郡、昔の伊覩《いと》の県《あがた》で、国王とはすなわち県主で、後漢書に倭奴国というのもまた伊覩の県であるという。信友は田道間守はすなわち伊覩の県主であったというのである。非時の香菓というのは古事記にも日本書紀にも橘のことであるという。垂仁天皇が田道間守を橘を求めるために遣わされたというのに、伊覩の県主が使を遣わして奉献したというのでは、どうもうまく話が合わない。信友は「自ら怡土国の王なりなど称ひて、土宜などを贈りて、橘を得むとて、よきさまにこしらへ云へる事のありけむを」といって、その辻褄を合わそうとした。

ところが時代が明治になって、新しい学問が芽を吹き出してくると、前代ではほとんど衆説一致していた学説にも批判を加えられてきた。三宅米吉博士は明治二十五年の史学雑誌の第三十七編に「漢委奴国王印考」という論文を発表して、漢委奴国王の五字は宜しく漢の委の奴の国の王と読むべく、委は倭であり、奴の国は古の儺の県、今の那珂郡であるという。その理由はまず伊覩の県はこれより少し西の方の深江地方で、今の絲島郡であるのに、金印の出たのは那珂郡で、これは古の儺の県であるといい、次に委奴の音は怡土、伊覩ではない。委は合口音でワ行のヰなのに、怡土の怡、伊覩の伊は開口音で、ア行のイで、シナでは開合通用しないというのである。開合音のことは昔も問題になって、種麻呂も「怡委の音開合異なれど、さばかりの混はあるべきなり」といい、信友も「本草和名の仮字伊委同音の格に用ひたり」などといっているが、那珂郡と怡土郡とは所が違い、金印が那珂郡から出た以上は、三宅説のごとく委奴は伊覩ではなく、儺の県であるという方が納得し易い。今日では学者は多くこの説に従っている。かくて後漢書にいう倭奴国はわが国の別名ではなく、またワヌと訓むものでもない。わが国の極南界とあるから九州地方の土豪国と解すべきであろうが、それはおそらく古の儺の県で、それを伊覩国に充てた近世諸家の解釈は今では通用しないこととなった。

明治四十四年の考古学雑誌の第一巻第十二号に、稲葉君山氏は「漢委奴国王印考」を発表し、三宅説に反対して委奴をやまとと訓むべしと論ぜられた。これは内藤湖南先生が後漢書に見える倭面土国というのはすなわちやまとであるといわれたのを承けて、それに架上して倭奴は倭面土を急声に呼び、面字を略したものであるという、わが国を倭というのも倭面土の発声の一字を取ったものであるといわれた。この意見にはあまり追随者を見ない。その後喜田貞吉先生と稲葉氏との間に、この問題について簡単な論争があった。

ちなみに、蒼瓚録によると、長良義芳という人が周尺を考究して、七寸一分弱として、それによってこの金印の大きさを考えて、当時のものではないといったということを紹介している。近ごろも尺度のことを研究している人の間にこの印を疑うものがある。また前に山梨県立図書館に高芙蓉の印譜があり、それにこの金印の踏影があることが発見せられた。芙蓉は天明四年すなわち金印の発見せられた歳に歿した人であるから、模刻を作る時間はなく、したがって今の国宝の金印は芙蓉の贋作であろうといって、だいぶ騒がれた。この金印が発見されるや方々で模刻を作る人もあったのであろう。大阪の履軒も木で模刻を作ったという。そして芙蓉の印譜にある印影は金印とは全同ではないともいわれる。また早くからこの金印は古墳から出たものでもなく、随伴した出土品も無く、金印のみ単独に発掘されたということに疑を抱く人も多かった。しかし今の金石学者は一般にこれは到底後世から偽作し得るものではないといって、堅く後漢当時のものであると信じている様子である。

九、倭面国

承平私記の巻頭に、

面国使を遣はして奉献す、

とあるが、今の承平私記は残欠で、巻頭に脱簡があり、この文はこれだけでは意味をなさないから、この前すなわち脱簡の部分に何か文字があったろうと思われる。ところが釈日本紀には、

又問ふ、倭面の号若しくは所見有る哉、

答ふ、後漢書に云はく、孝安皇帝永初元年冬十月倭面国使を遣はして奉献すと、

とあり、釈日本紀はおそらく承平私記を引用しているのであろうから、これでその欠文が補われるのであろう。これによれば後漢書には倭奴国と同じように、倭面国というのが見えていたらしいのである。今の後漢書の安帝紀には、

永初元年冬十月倭国使を遣はして奉献す、

とあり、東夷伝には、

安帝の永初元年倭国の王師升生口百六十人を献じ、請見を願ふ、

とあるが、これには倭面国というのは見えていない。しかるに唐の張楚金の翰苑の蕃夷部倭国の条「卑弥妖惑して翻して群情に叶ひ、臺与幼歯にして、万に衆望に諧ふ」というところの雍公叡の注に、

後漢書に曰はく、安帝の永初元年に倭面土国の王師升といふもの有り、

とある。さらに内藤湖南先生のいうところによると、唐類函の辺塞部の倭国の条に引く杜佑の通典には倭面土地王師升とあり、北宋版の通典には倭面土国王師升とあるという。果して単に倭国なのか、倭面国なのか、倭面土地なのか、また倭面土国なのか。王の名も帥升なのか、師升なのか。これは今少し校勘に手を尽さなければいずれとも決定しかねるが、今日では校勘といっても限度があって、それはどうにも致し方のないことかもしれない。今の後漢書は宋の真宗の時に今の姿にして出版したものだというが、わが承平はそれより以前であるから、そのころわが国に伝わっていた後漢書には倭面とあったのであろうか。兼良の日本紀纂疏には倭面国ともまた倭面土国王師升ともいっているが、これは勿論承平私記を承けているのに相違ないから、後漢書の校勘だけでなく、承平私記の校勘も必要であろう。

倭面国か倭面土国か、どちらに従うべきか知らないが、これは倭奴国の例から類推して、わが国内の土豪国であったのではなかろうか。漢書地理志の倭人の条の如淳の注に、

如墨、委面は帯方東南万里に在り、

とある。委面はすなわち倭面で、漢書にいう分れて百余国をなすという土豪国の一つなのであろう。兼良は「此の方の男女皆黥面文身、故に面字を加へて呼ぶ」といっているが、顔に入墨をしたからといって、国の名を倭面といったとは思われない。内藤先生は芸文第二巻第六号に「倭面土国」と題して、倭面土はやまとの対音であると論じていられる。

一〇、邪馬臺国

シナの正史にはシナと交通のある外国の伝を載せて、その交通の様子やら、また、その国の地理、歴史、風俗を説明しているのである。正史の最初といわれる史記、その次の漢書には外国伝はあるが、東夷の伝は無く、漢書には前にも述べたように、その地理志の中に、わが国のことを簡単に説明しているのみである。次の後漢書に始めて東夷伝を立て、その中に倭人の説明がある。次の三国志は他の正史のように、紀、書（志）、表、伝という四本建の体裁を明瞭にせず、かつ書、表を欠いている。これには外国伝が無く、ただ巻三十に烏丸、鮮卑、東夷の伝を立て、それに倭人の伝がある。ところが時代の順序からいうと後漢が先で、三国が後であるけれども、その撰者は後漢書は宋（南北朝時代のいわゆる劉宋）の范曄《はんよう》で、三国志は晋の陳寿であり、陳寿は晋の恵帝の元康七年（二九七）に死し、范曄は宋の文帝の元嘉二十二年（四四五）に死んだので、国の時代とは逆に、三国志の方が先にでき、後漢書の方が却って後にできて、三国志の影響を受けているように思われている。しかし、このことはかなり面倒であって、そう簡単には決定せられない。三国志は今もいったように正史としての体裁は整っていないので、やや未完成の観があり、宋の文帝の勅によって裴松之《はいしようし》がこれに注を加えて、元嘉六年（四二九）七月に上《たてまつ》ったのであり、今本の三国志は皆松之の注本である。一方、後漢書は曄の壮年のころ、元嘉の初年、宣城の太守に左遷せられて、志を得ず、衆家の後漢書を删定して、今の後漢書としたということである。それだからあるいは曄は三国志を見ていなかったかもしれない。その上に曄の後漢書には志類は無く、のちの宋（趙宋）の真宗の時に晋の司馬彪《しばひよう》の続漢書の志類を併わせて出版したものが今の後漢書であるという。彪は晋の恵帝の末年に六十余歳で卒したというから、陳寿とほぼ同じころの人である。勿論後漢書の東夷伝は曄の筆に成ったものであろうが、三国志の伝とは果してどういう関係にあるのだろうか。今両伝を比較してみると、後漢書は三国志を承け、それに手を加えたように思われるところもあるが、魏志は魏の明帝の時に造られた魚豢《ぎよかん》の魏略に負うところが多いといわれているので、後漢書も三国志も、ともにその源が魏略にあるのかもしれない。甚だ長文で、やや無駄なようでもあるが、三国志の倭人伝をここに引用して、説明の便に供しようと思う。後漢書の倭人伝は、大体同文だから煩を避けて引用を省くこととする。

倭人は帯方の東南の大海の中に在り、山島に依りて国邑を為す、旧《も》と百余国、漢時朝見する者有り、今使訳して通ずる所三十国、郡より倭に至るに、海岸に循《したが》ひて水行し、韓国を経、乍《たちま》ち南し乍《たちま》ち東し、其の北岸狗邪韓国に至る、七千余里、始めて一海を度《わた》ること千余里、対馬国に至る、其の大官を卑狗《ひこ》と曰ひ、副を卑奴母離《ひなもり》と曰ふ、居る所絶島にして、方《まさ》に四百余里可《ばか》り、土地山険に、深林多く、道路は禽鹿の径の如し、千余戸有り、良田無く、海物を食して自ら活き、船に乗りて南北に市糴《してき》す、又南に一海を渡ること千余里、名づけて瀚海と曰ふ、一大（支）国に至る、官を亦卑狗と曰ひ、副を卑奴母離と曰ふ、方に三百里可り、竹木叢林多く、三千許家有り、差《やゝ》田地有り、田を耕して猶ほ食ふに足らず、亦南北に市糴す、又一海を渡ること千余里、末盧国に至る、四千余戸有り、山海に濱《そ》ひて居る、草木茂盛して、行くに前人を見ず、好みて魚鰒を捕へ、水深浅と無く、皆沈没して之れを取る、東南陸行すること五百里、伊都国に到る、官を爾支《にき》と曰ひ、副を泄謨觚柄渠觚と曰ふ、千余戸有り、世《よよ》王有り、皆女王国に統属す、郡使往来して常に駐る所なり、東南して奴国に至ること百里、官を兕馬觚《しまこ》と曰ひ、副を卑奴母離と曰ふ、二万余戸有り、東行して不弥国に至ること百里、官を多模と曰ひ、副を卑奴母離と曰ふ、千余家有り、南して投馬国に至ること水行二十日、官を弥弥《みみ》と曰ひ、副を弥弥那利と曰ふ、五万余戸可り、南して邪馬壹（臺）国に至る、女王の都する所、水行十日、陸行一月なり、官に伊支馬有り、次を弥馬升と曰ひ、次を弥馬獲支と曰ひ、次を奴佳鞮と曰ふ、七万余戸可り、女王国より以北其戸数道里略載すべし、其の余の旁国は遠絶にして、得て詳にすべからず、次に斯馬国有り、次に已百支国有り、次に伊邪国有り、次に都支国有り、次に弥奴国有り、次に好古都国有り、次に不呼国有り、次に姐奴国有り、次に対蘇国有り、次に蘇奴国有り、次に呼邑国有り、次に華奴蘇奴国有り、次に鬼国有り、次に為吾国有り、次に鬼奴国有り、次に邪馬国有り、次に躬臣国有り、次に巴利国有り、次に支惟国有り、次に烏奴国有り、次に奴国有り、此れ女王の境界尽くる所なり、其の南に狗奴国有り、男子王為り、其の官に狗古智卑狗有り、女王に属せず、郡より女王国に至ること万二千余里なり、男子大小と無く皆黥面文身、古より以来其の使中国に詣るもの皆自ら大夫と称ふ、夏后少康の子会稽に封ぜられ、断髪文身以ちて蛟龍の害を避く、今の倭の水人、好く沈没して魚蛤を捕ふるに、文身して亦以ちて大魚水禽を厭《はら》ひ、後ち稍《やうや》く以ちて飾と為す、諸国の文身各異り、或は左に、或は右に、或は大きく、或は小さく、尊卑差有り、其の道里を計るに、当に会稽、東冶《とうや》の東に在るべし、其の風俗淫せず、男子皆露紒にして、木綿を以ちて頭に招《かか》ぐ、其の衣は横幅、但だ結束して相連ね、略縫ふこと無し、婦人は被髪屈紒、衣を作ること単被の如く、其の中央を穿《うが》ち、頭を貫きて之れを衣《き》る、禾稲、紵麻、蚕桑を種《う》ゑ、緝績して細紵、縑綿を出す、其の地牛馬、虎豹、羊鵲無く、兵には矛楯、木弓を用ひ、木弓は下を短く、上を長くし、竹箭は或は鉄鏃、或は骨鏃、有り無き所、儋耳、朱崖と同じ、倭地は温暖にして、冬夏生菜を食す、皆徒跣、屋室有り、父母兄弟臥息処を異にす、朱丹を以ちて其の身体に塗ること、中国の粉を用ふるが如し、食飲に籩豆を用ひ、手食す、其の死するや棺有りて槨無く、土を封じて冢を作す、始めて死するや、喪を停むること十余日、時に当りて肉を食せず、喪主哭泣し、他人就いて歌舞飲酒す、已に葬せば、家を挙りて水中に詣り、澡浴して以ちて練沐の如くす、其の行来渡海し、中国に詣るに、恒に一人をして頭を梳らず、蟣蝨を去らず、衣服垢汚し、肉を食せず、婦人を近けず、喪人の如くせしむ、之れを名づけて持衰《じさい》と為す、若し行者吉善ならば、其れに生口、財物を顧し、若し疾病し、暴害に遭ふこと有らば、便ち之れを殺さんとし、其れを持衰謹まずと謂ふ、真珠青玉を出し、其の山に丹有り、其の木に柟、杼、豫樟、楺、櫪、投橿、烏号、楓香有り、其の竹に篠、簳、桃支あり、薑、橘、椒、蘘荷有れども、以ちて滋味と為すことを知らず、獮猿、黒雉有り、其の俗挙事行来、云為する所有らば、輙《すなわ》ち骨を灼《や》いてトい《うらな》、以ちて吉凶を占ふ、先づトふ所を告げ、其の辞令亀の法の如く、火坼《たく》を視て兆を占ふ、其の会同坐起には父子男女別無し、人性酒を嗜む、大人を見ては敬する所但だ手を搏ちて以ちて跪拝に当つ、其の人寿考にして、或は百年、或は八九十年、其の俗、国の大人皆四五婦、下戸或は二三婦、婦人は淫せず、妬忌せず、盗竊せず、争訟少く、其の法を犯さば、軽きは其の妻子を没し、重きは其の門戸及び宗族を滅す、尊卑各差序有り、相臣服するに足る、租賦を収め、邸閣有り、国々市有りて、有無を交易し、大倭をして監せしむ、女王国より以北、特に一大率《だいそつ》を置き、諸国を検察す、諸国之れを畏憚す、常に伊都国に治す、国中に刺史の如きもの有り、王使を遣はして京都に詣るに、帯方郡、諸の韓国、及び郡使、倭国皆津に臨みて捜露し、文書、賜遺の物を伝送して女王に詣り、差錯するを得ざらしむ、下戸大人と道路に相逢はゞ、逡巡して草に入り、辞を伝へ、事を説くに、或は蹲《うずくま》り或は跪き、両手地に拠り、之れを恭敬と為す、対応の声を噫《あい》と曰ひ、比するに然諾の如し、其の国本と亦男子を以ちて王と為す、住《とどま》ること七八十年、倭国乱れて相攻伐し、年を歴たり、乃ち共に一女子を立てゝ王と為す、名づけて卑弥呼と曰ふ、鬼道に事《つか》へ、能く衆を惑はす、年已に長大にして夫壻無く、男弟有り、佐《たす》けて国を治む、王為りしより以来、少かに見ゆる者有り、婢千人を以ちて自ら侍し、唯だ男子一人のみ有りて、飲食を給し、辞を伝へて出入す、居処、宮室、楼観、城柵厳かに設け、常に人有りて、兵を持ちて守衛す、女王国の東海を渡ること千余里、復た国有り、皆倭種なり、又侏儒《しゆじゆ》国有りて其の南に在り、人の長《た》け三四尺、女王（国）を去ること四千余里、又裸国、黒歯国有りて復た其の東南に在り、船行一年にして至るべし、倭地を参問するに、絶へて海中の洲島の上に在り、或は絶え或は連り、周旋して五千余里可りなり、景初二年六月倭女王大夫難升米等を遣はし、郡に詣り、天子に詣りて朝献せんことを求む、太守劉夏吏を遣はして、将ゐ送りて京都に詣る、其の年十二月、詔書して倭の女王に報じて曰はく、制すらく、親魏倭王卑弥呼に詔す、帯方の太守劉夏使を遣はして汝の大夫難升米、次使都市牛利を送り、汝の献ずる所の男生口四人、女生口六人、班布二匹二丈を奉じて以ちて到る、汝の在る所踰《はる》かに遠く、乃ち使を遣はして貢献す、是れ汝の忠孝なり、我甚だ汝を哀む、今汝を以ちて親魏倭王と為し、金印紫綬を仮《ゆる》し、装封して帯方の太守に付して仮授す、汝其れ種人を綏撫し、勉めて孝順を為せ、汝の来使難升米、牛利遠きを渉り、道路勤労す、今難升米を以ちて率善中郎将と為し、牛利を率善校尉と為し、銀印青綬を仮し、引見労賜して遣還す、今絳地交《こう》龍《ち》錦五匹、絳地縐粟罽《すいぞくけい》十張、蒨絳《せんこう》（絹）五十匹、紺青（絹）五十匹を以ちて、汝の献ずる所の貢直に答ふ、又特に汝に紺地句文錦三匹、細班華罽五張、白絹五十匹、金八両、五尺刀二口、銅鏡百枚、真珠、鉛丹各五十斤を賜ふ、皆装封して難升米、牛利に付す、還り到らば録受せよ、悉く以ちて汝が国中の人に示して、国家の汝を哀むことを知らしむべし、故に鄭重に汝に好物を賜ふなりと、正始元年、太守弓遵建中校尉梯儁《ていしゆん》等を遣し、詔書、印綬を奉じ、倭国に詣り、倭王を拝仮し、幷に詔賜の金帛、錦罽、刀鏡、采物を齎《もたら》す、倭王使に因りて上表し、詔恩に答謝す、其の四年倭王復た使大夫伊声者掖邪狗等八人を遣はし、生口、倭錦、絳青縑、綿衣、帛布、丹木拊、短弓矢を上献す、掖邪狗等一に率善中郎将の印綬を拝す、其の六年詔して倭の難升米に黄幢を賜ひ、郡に付して仮授す、其の八年、太守王頎《き》官に到る、倭女王卑弥呼狗奴国の男王卑弥弓呼素と和せず、倭載斯烏越等を遣はし、郡に詣り、相攻撃する状を説く、塞曹掾史張政等を遣はし、因りて詔書、黄幢を齎し、難升米を拝仮し、檄を為して告喩す、卑弥呼以ちて死し、大いに冢《つか》を作る、径百余歩、葬に徇《したが》ふ者奴婢百余人、更に男王を立つ、国中服せず、更に相誅殺し、当時千余人を殺す、復た卑弥呼の宗女壹与年十三なるを立て、王と為し、国中遂に定まる、政等檄を以ちて壹与に告喩し、壹与倭の大夫率善中郎将掖邪狗等二十人を遣はし、政等を送りて還る、因りて臺に詣り、男女生口三十人を献上し、白珠五千孔、青大勾珠二枚、異文雑錦二十匹を貢す、

とある。後漢書には前にも述べたように、中元二年（五七）に倭の奴国の使が行ったこと、永初元年（一〇七）に倭国の使が行ったことが見え、魏志には景初二年（二三八）以後しばしば倭の邪馬臺国の女王卑弥呼が使を遣わしたことが見えているが、両書とも邪馬臺国のことが中心記事になっている。後漢書には卑弥呼のことも記しているが、それは邪馬臺の女王とはいっていない。桓霊の間、すなわち後漢の桓帝、霊帝、西紀の百五十年ごろから百八十年ごろにかけて、倭国が大いに乱れ、その後一女子を立てて王とした。それが卑弥呼であるという。魏志では景初二年に卑弥呼が使を遣わしたとあり、両書の間に少々年代が隔たっているが、魏志には魏朝の報書もあって、記事が甚だ該実しているから、これは魚豢などが官府の文案によって記したものであろうと思われるので、この問題では後漢書よりも魏志の方を採るべきように思われる。この邪馬臺国に関する記事は両書とも甚だ詳悉であって、地理、歴史、風俗について、われわれに甚だ興味深いことを物語っている。それゆえ昔から今日まで、これに関する研究は甚だ盛んであって、ことに魏志を中心として、日本史家も東洋史家も、こ

れに多くの力を沃ぎ、今も毎年必ず四-五篇はその研究論文が現われ、その専書も出版せられている有様である。そしてその中心問題は邪馬臺国というのは何処か、大和朝廷か、あるいは地方の小土豪国か。また女王の卑弥呼というのは誰か、わが歴史上に名を遺している誰に充て塡めるべきかということである。

日本書紀巻九神功皇后紀の三十九年に「魏志に云はく、明帝の景初三年六月、倭の女王大夫難斗米等を遣はして郡に詣り、天子に詣りて朝献せんことを求む、太守鄧夏使を遣はして将ゐ送りて京都に詣るなりと」という分注を施している。四十年にも「魏志に云はく、正始元年建忠校尉梯携等を遣はして、詔書印綬を奉じて倭国に詣るなりと」と注し、四十三年にも「魏志に云はく、正始四年倭王復た使大夫伊声者掖耶約等八人を遣はして上献すと」とある。これは魏志の今本とは一-二字の相違はあるが、大体それを引用しているので、それで今の学界では一般に日本書紀の撰者は邪馬臺国を大和朝廷と解し、卑弥呼を神功皇后に充てていたものと解している。しかし日本書紀の注は一つの例外もなく、ことごとくのちの研究者が追記したもので、書紀撰者の原注というものはないのである。ことに三十九年には「是年や大歳己未」という本文があるのみで、日本書紀の体例では大歳は歴代即位の初めに記すので、こういう中間に記すのは異例であり、また本文に遣使の記事が無いのに、その注があるのはおかしく、なお四十年、四十三年には一字の本文もない。それゆえ本居宣長、河村秀根、内藤広前らの諸大家もまたこの注を後人の挿入と認めている。されば日本書紀の撰者はこの問題には関係していないのである。しかし、この注は日本書紀撰上からあまり遠くない後に加えられたものであろうと思う。

承平私記には、

問ふ、耶馬臺、耶摩堆、耶靡堆の号若しくは各意有る乎、

師説、今案ずるに、三号有りと雖も其の義異ならず、皆倭を称ふの音に取るなり、

とある。これには詳しい説は見えていないが、けだし邪馬臺をわがやまとと解し、それを畿内のやまとに充てているのであろう。邪摩堆というのは後漢書の邪馬臺国の注に「按ずるに今邪摩堆と名づくるは音の訛なり」とあるのを指しているので、よって承平のころには三国志よりも後漢書を主としていたものと思われる。邪靡堆というのは古本の誤字によったものであろう。釈日本紀は承平私記を引用するばかりである。北畠親房の神皇正統記も後漢書によって、

後漢書に大倭王は耶摩堆に居すとみえたり、是は若すでに此国の使人本国の例により、大倭と称するによりてかくしるせるか、

という。それは使人が口でやまとといったのをシナ人が耶摩堆と記したのであるというので、また「耶摩堆はやまとなり」といっているのである。兼良の纂疏も後漢書を引き、

耶馬臺の字は意義無く、耶麻止の音を借用するのみ、

といっている。禅僧周鳳の善隣国宝記巻上に、

韻書に倭を以ちて女王国の名と為す、蓋し天照大神地神の首として此の国主と為る、故に之れを女王国の名と謂ふか、

とある。学僧周鳳も後漢書や三国志を見なかったのか、韻書に女王国とあるから、すぐ天照大神を聯想したのであろう。

近世になって、松下見林の異称日本伝の後漢書を引用したところには「今按ずるに邪馬臺国は大和国なり」といい、また「卑弥呼は神功皇后の御名気長足姫尊《おきながたらしひめのみこと》なる故に、訛りて然か云ふなり」と、また魏志を引いたところには「今按ずるに景初、正始は魏の明帝の年号にして、我朝の神功皇后の時に当る」といい、「女王、男王の不和といふは忍熊王の反を言ふなり」といい、そして奴婢を殉葬したとか、宗女壹与の事など、わが史上に都合の悪いことは「無稽の言なり」とか「大抵伝聞の訛多きに居る」という。要するに極めて素朴に、邪馬臺国を大和朝廷と解し、女王卑弥呼を神功皇后とするのである。新井白石はその古史通或問に、対馬、一支、末羅、伊都、奴、不弥、投馬、斯馬以下の魏志に見える地名を、わが後世の地名に擬定した。そして投馬国を備後の鞆《とも》、あるいは播磨の須磨に充て、その他はおおむね九州地方に充てて「即是今の筑前、筑後、豊前、豊後、肥前、肥後等の地名と

こそみへたれ」ということろは、のちに抬頭してくる邪馬臺九州説の先駆のように見えるが、しかし「邪馬臺国は即今の大和国なり」というのである。また狗奴国の男王は熊襲《くまそ》だという。これは熊襲説が登場する最初である。卑弥呼は明らかに神功皇后だとはいわないが、同じ人の殊号事略には「倭女王と見えしは神功皇后の御事也」といっているのである。この書にはまた「其の頃ほひ本朝より三韓の地に置れし日本府の宰臣、本朝天皇の命を承りて、異朝の天子に朝聘せし事どもありしと見えたり」とあるが、これは本居宣長や伴信友の説を喚起するものであろう。漢学者の考え方は一体に簡単であって、村瀬栲亭の芸苑日渉には邪馬臺は是れ大和の寄語といい、また「女王は蓋し神功皇后を指せるに似たり」という。津坂孝綽の薈瓚録には卑弥呼というのは姫御の訛称だという。姫御という後世の俗語でこれを解釈しようとするところは簡単に過ぎるものというべきである。

宣長はその馭戎慨言に、卑弥呼は姫児と申すことだとして「息長帯姫尊の御事を三韓などよりひがごとまじりに伝へ聞奉りてかけるもの也」といい、この時かの国へ使をつかわしたというのは「皆まことの皇朝の御使にはあらず、筑紫の南のかたにていきほひある熊襲などのたぐひなりしもの丶、女王の御名のもろ〳〵のからくにまで高くかゞやきませるをもて、その御使といつはりて、私につかはしたりし使也」としている。そして邪馬臺はやまとの対音であると解していたらしいのであるが、魏志の記事では「よく見ればまことは大和の京にはあらず」という。それは魏志の記事の地理は大和の京としては不適当であるというので、対馬、一支、末盧、伊都までは相違はないが、奴国、不弥国、投馬国などという所は、大和への道中にそういうのは無い、不弥国より女王の都へは南を指しているが、大和ならば東方でなければならないというのである。伴信友の中外経緯伝には、また倭女王卑弥呼というのは「皇后の御事を崇めて姫子と申奉れる」もので、女王国すなわち邪馬臺国は「当時の都大和わたりをさしていへるなり」と、今までとあまり違った考えはない。信友は魏志の文章に伊都国までは到字を用い、その後は至字を用いている。これは魏の使者が伊都国までは来たからであるという。かの使者が伊都国まで来ていたことは魏志の文中に明らかに述べていることであるから、こういう考証は必要でない。到字と至字との区別は、見方が細かいようであるけれども事実に相違している。そして使者を遣わされたことについては「もろこしは所謂三国の世にて、いたく乱たる時なりけるを、韓国より伝聞食て、其乱に乗りて征伐給はむの御裏心にて、かの伊都県主などにおほせつけて、かの国の有さまを覘はせ給う」たのだとしている。これらはわが国からシナに朝貢したというのを快く思わないゆえの解釈である。さらに鶴峯戊申の襲国偽僭考には、邪馬臺国というのは皇都の大和であるが、魏志の邪馬臺国は大和を僭称したもので、大隅の囎唹郡であろうという。熊襲が女主を立てて皇后に擬し、大和を僭称して交通したものであるという。いうところはやや奇異であるが、結局は宣長のいうところとあまり違っていない。この熊襲説はこの後もしばらく跡を曳いて、学者に影響している。近藤芳樹の征韓起源も熊襲説であるが、漢籍にいう倭国というのは筑紫島に限る号で、邪馬臺国は肥後、日向、大隅の間であろうといい、それに似た地名を求めて、肥後国菊池郡の山門《やまと》をそれに充てようとしている。発音の類似した地名から、その地を推定しようとする試みはこれが最初で、この山門説ものちの学者にまた影響を与えた。

明治二十年ごろになって、邪馬臺国論がまた学界に再燃した。当時の学問の進歩によって、その考え方はよほど精しくなっていたが、結論からいえば、宣長から芳樹に至る古い学者の線からあまり踏み出していなかった。明治二十一年、那珂通世博士は文という雑誌の第一巻の八、九両号に有名な「日本上古年代考」を発表して、日本書紀の紀年を疑い、その第十節に「魏志ノ倭女王ハ神功皇后ニ非ズ」と題して、魏志に見える卑弥呼には少しも神功皇后らしきところがなく、ことに第一の事業なる征韓の役について一言もこれに及ばず、紀年の問題からいって、当時は皇后に先だつこと百余年、景行天皇の西征以前で、女王というのは景行紀に見えているような筑紫地方に割拠していた女酋で、邪馬臺国は大倭国ではない、筑紫島の中であったといった。しかし同誌の第一巻の十一号に阿部弘臧は「征韓考」を発表して、卑弥呼はやはり神功皇后のことであるといった。菅政友は二十三年の如蘭社話第十七号に「倭国考」を載せ、二十五年の史学雑誌第三編に「漢籍倭人考」を出し、宣長が熊襲等が大和朝廷と偽って交通したといったのは児戯のような考え方だと罵倒しながら、やはり熊襲説で、漢籍に倭というのは皆筑紫九国の地で、当時は大和朝廷はまだ彼の国に知られていなかったといい、琉球から薩摩地方をやまというから、邪馬臺国は大隅、薩摩地方であろうという。二十四年に出た山田安栄の靖方溯源は熊襲説をしりぞけたけれども、なお九州説である。二十六年の吉田東伍の日韓古史断はまた熊襲説である。史学雑誌第三編の星野恒博士の「日本国号考」にはまた邪馬臺国の問題にも触れ、それを筑後国山門《やまと》郡であるとし、卑弥呼は神功皇后に誅せられた山門県の土蜘蛛田油津媛《たぶらつひめ》の先代で、卑弥呼ののちに宗女壹与が立ったという其の壹与が、すなわち田油津媛であるといった。筑後国の山門郡は芳樹のいった肥後国の山門とは違うが、共にやまという地名を九州内から捜し求めたものである。当時の諸説は多少新しい様相を呈していたようではあるが、結論から見て古い学説から全く一新していたとは思われない。しかし当時は星野博士の説がやや問題を解決し得たかのごとき観を呈し、後年になって白鳥庫吉博士はこれを評して、わが上代の紀年に対する新しい立場から解決を企図したものといい、久米邦武博士の日本古代史には「邪馬臺の考証時代は既に通過したり」とさえいったのである。

この問題の研究はその後約二十年ばかりの空白時代があって、明治四十三年になって、また三度燃え上った。すなわち東京では白鳥庫吉博士が東亜之光第五巻の第六、七号に「倭女王卑弥呼考」を発表し、京都では湖南先生内藤虎次郎博士が芸文第一巻の二、三、四号に「卑弥呼考」を出して、東西で対立した。同時にまた藤井甚太郎学士は歴史地理第十六巻の二号に「邪馬臺国の所在に就いて」という論文を発表し、さらに橋本増吉学士は史学雑誌第二十一編の十、十一、十二号に追いかけたように「邪馬臺国及び卑弥呼に就て」を発表して、白鳥博士に呼応した。これらの諸研究はいずれもテキストの研究が非常に精細になって、約二十年間の学界の進歩を物語っている。白鳥博士はこの後も史学雑誌第二十八編の八号の「所謂神籠石に就いて附魏志に見えたる倭国文化の二三」という論文にもこの問題に触れているが、その結論においては、結局邪馬臺国九州説で、それを九州の北部となし、卑弥呼をその女酋となし、また狗奴国を熊襲と見て、その男王と卑弥呼とが不和であるというのは、九州の北部と南部との抗争であるというのである。従来の九州説は多少とも宣長以来の旧説の影響を受けているが、これは新しい立場に立って考証せられたものである。藤井学士も九州説で、その地を肥後国内に求め、のちに阿蘇氏のいた地方であろうという。これに対して内藤先生は全く新しい畿内の大和説を提唱した。先生は魏志に見える官名とわが古史に見える人名との類似を求め、またいわゆる旁国として列挙した多くの国名と和名抄の郡郷部に見える郷名、延喜式神名帳に見える神社名などとの間に近似したものを求め、そこから出発して、諸家が魏志の記事の解釈から出発したのと全く違った新しい立場から歩を進めたのである。その所論の一―二を紹介すると、伊支馬という官名は往馬の神を祭る卜部であるといい、弥馬升は崇神天皇の御間城入彦《みまきいりひこ》五十《い》瓊殖《にゑ》の御名による御名代であるといい、弥馬獲支は孝昭天皇の御名観松彦香殖稲《みまつひこかゑしね》による御名代であるといい、また奴佳鞮を中臣の対音であるという。さらに地名では斯馬国を志摩、己百支国を伊勢国の石城、伊邪国を志摩国の伊雑、都（郡）支国を伊勢国の榛原《くぬぎばら》、弥奴国を美濃国とする類で、魏志にその余の旁国とあるものを、西は備前から東は三河までの間に擬定して、そのいわゆる旁国の中央に邪馬臺国があることとなる。そして狗奴国はやはり白鳥博士と同様に熊襲としている。この魏志に書かれている時代は景行天皇の熊襲征伐のころであるとして、さて女王卑弥呼は皇女倭姫であるというのである。その官名、地名の推定にはあまり追随者を見ないけれども、邪馬臺国を畿内に充てたことは、従来の素朴な大和説から新しい機軸を出したもので、そののちに畿内説が抬頭した先駆をなすものである。

　畿内説を奉じたものは多くは考古学者であって、その所説の根柢をなすものは考古学研究の成果である。その先頭に立ったのは京都の富岡謙蔵で、氏は内藤先生とは同学圏内の人であった。その説は大正五年十月の史林第一巻の四号にある「日本出土の支那古鏡に就いて」という論文および同九年二月に世に出た著書「古鏡の研究」のうちに収められてある「再び日本出土の支那古鏡に就いて」という論文に見えている。のちの論文は大正七-八年ごろのものである。これにはシナの漢のころのわが国には銅鐸を出す畿内中心の文化と、銅剱、銅鉾を出す九州北部の文化とは、全く異質のもので、通じるところはなかったが、漢末から三国時代に至るころのわが国では、大和朝廷の主権が確立して、宏壮な墳墓を営み、それに多数のシナ将来の精巧な鏡鑑類を副葬した。このころになると九州北部の特殊文化がなくなって、その墳墓も畿内のものと同形式となり、うちに蔵する副葬品もほとんど一致し、むしろ貧弱なのである。これは当時の文化の中心が畿内にあった証拠である。しからば邪馬臺国は畿内にあり、卑弥呼は大和朝廷の勢力ある女性であろうというのである。氏の高足梅原末治博士は大正十年に世に出した「佐味田及新山古墳研究」において、またその後に思想第十三号誌上に発表した「上代近畿の文化発達について」という論文において師の説を祖述している。

大正十一年には会長三宅米吉博士を始めとして、中堅なる高橋健自博士ら、考古学会の一党が考古学雑誌に拠って、こぞって畿内説を唱導した。三宅博士はその雑誌の第十二巻十一号に「邪馬臺国について」と題して、奴国すなわち今日の博多地方から東行百里で不弥国に至り、それから南へ水行二十日で投馬国に至り、さらに南へ水行十日、陸行一月で邪馬臺国に至るとあるが、これでは九州を通り越して琉球辺まで行かなければならぬ、魏志の記事の方角には五–六十度の誤差があるから、南行というのは東行の誤りであって、延喜の主計式には大宰府から京都まで海路三十日程とあるから、瀬戸内海を東へ三十日水行し、難波に上陸して陸行一月というのは一日の誤りで、すなわち大和に至るのである。また戸数でも九州第一の繁華な奴国が三（二）万余戸であるのに、その倍もあった大国が九州にあったならば、その遺蹟がなければならないといわれた。高橋博士は同誌の五号に「考古学上より観たる邪馬臺国」と題して、前方後円墳は日本独特の形式のもので、その初期は金石併用時代にさかのぼり、それはシナでは前漢より下らないものであり、その最盛期は応神、仁徳両朝である。その古墳の中に蔵する副葬品により、シナ文化の影響が認められ、そのうちの銅鏡およびその倣製品は明らかに漢魏時代の様式のもので、それが畿内地方に濃厚で、到底九州地方の及ぶところでないから、当時のわが国の政治、文化の中心だったはずの邪馬臺国は大和でなければならないと論断したのである。

考古学は極めて新しい学問で、その研究はこれら大正年代に比較して、今日では長足の進歩を示しており、あるいはこれほど飛躍発展した学問は他に類がないほどであろう。それでも富岡、梅原、三宅、高橋の諸氏が約四‐五十年前に論じたところは、今日でもそれほど訂正する必要は認められていないので、これは考古学において、ほとんど確定した事実といってよかろうと思う。それゆえ魏の当時わが国の政治、文化の中心が畿内にあったという考古学者の所説は十分に尊重しなければならないであろう。邪馬臺国が当時のわが国の政治、文化の中心だったとすれば、それはやはり畿内にあったので、邪馬臺国の字音がやまとに近いから、当時大和国というものはまだ無かったけれども、その地方を指しているものといわなければならないであろう。そののちも九州説を奉ずる学者はこれに向って反撃を試みたけれども、それは考古学者のいうところを十分に理会していないように受け取られる。

白鳥博士はその歿後オリエンタリカ誌上に発表された「卑弥呼問題の解決」という論文には、鏡鑑のごとき宝物は移動性に富むとともに、また後代まで永く保存される傾向のあるものであるから、たとえ王莽、後漢、三国時代のものが畿内の大和を中心として多数出土するとしても、それがいつ副葬されたか明らかでないので、当時の日本の文化の中心が畿内であるということはできない。たかだかこの時代の遺物を含む日本の古墳が畿内に最も多く発見せられるということを立証するにすぎないといわれたが、この時代の遺物を含む古墳が畿内に最も多く発見せられるということは重要な事実であって、これは軽々しく看過し得ないのである。古墳の年代というものは今日の考古学ではあらかた明らかにせられている。前方後円墳すなわち前期の古墳というものは高橋博士のいわれたように、応神、仁徳の両朝のころが最盛期であって、そのころの古墳に漢魏時代の様式の銅鏡がたくさん出るのである。銅鏡はなるほど移動もせられ、保存もせられるが、後世から古墳の中に追加して副葬するということは考えられないから、それが古墳からたくさんに発見せられるということは、それがその時代にたくさんに将来せられたということであって、その古墳が畿内の大和を中心に多くあるということは、それはそのころ、その地方に有力者が多く住んでいたということであり、したがってその地方に立派な文化が繁栄していたと考えなければならない。橋本博士はさすがに考古学の示すところには承服しなければならないと考えたと見えて、昭和七年に出版した「日本上古史研究」のうちに、大和地方の文化中心説を認めながら、なお文化の中心は一ヵ所でなければならないことはないといって、九州説を固執している。これは三宅博士もいわれた通り、文化の中心が九州にあったならば、必ずそこにその遺蹟がなければならないといわれ、他にも笠井新也も考古学雑誌第十二巻の九、「邪馬臺国は大和である」という論文にも同様のことを述べている。女王の宮地というようなものは発見するのは困難であろうが、日本全国がひと皮剝がれたように到るところ発掘し尽された今日、大和に匹敵するような文化の中心が九州にあったならば、その遺蹟が発見せられていないはずはないのである。

歴史の問題はまずその基礎になるところの史料の価値を正確に判断しなければならない。次にその史料の意味を正しく解釈して、それから結論を導き出すのでなければならない。これが史学の定石である。それゆえこの問題では魏志の倭人伝というものが、どれだけ信頼できるものであるかということをまず吟味して、さてそれが何を物語っているかという解釈に取りかかるべきであるが、昔から今日の学界でも、その解釈に専念して、史料の吟味の方を忘れているのではないかと思われる。魏志の記事によると、帯方郡使は伊都国まで来て、常にそこに駐まっていたという。伊都国は今の福岡県糸島郡深江の辺に擬定せられている。帯方郡治すなわち朝鮮の京城辺か、臨津江口辺から伊都国に至るまでの地理は比較的に正確である。これは諸家の等しく認めるところである。それには郡使などの報告もあり、また多数の人々がしばしば往来したろうから、向うにも正確な材料があったのであろう。

郡治から海岸に沿って南下し、北岸狗邪韓国に至るとある狗邪韓国は大伽羅であるといわれ、今日の韓国の金海に比定せられているが、それが北岸というは不可解で、内藤先生は朝鮮海峡の北岸の意味に解していられるが、韓国を経てその北岸というのであるから、それはどうかと思われる。また末盧国すなわち筑前国松浦から東南五百里にして伊都国に至るとあるが、これは東北でなければならない。伊都国から東南百里にして奴国に至るとある。奴国は儺の県で、今の筑前国那珂郡、博多附近に比擬せられている。これも東北でなければならない。志田不動麿学士は史学雑誌第三十八編の十号誌上に、「邪馬臺国方位考」と題して、これらの方角、里数の間違いについて論じ、「唐津と深江間、深江と博多間との間に、前者は陸行五百里、後者は百里とあるが、両者の間に五対一の如き大差はないのである、若し此の里数を是認するとせば、吾人は末盧国を更に西方海島の上に持ちゆかざるを得ないであろう、これ陸行五百里の字面に反くのである」といっている。しかしこの程度の間違いは不正確な旅行記には有り勝のことであると、一往救って考えてみても、それから先の記事が大変なのである。次に女王国より以北に特に一大率を置くとあるのも、伊都国に常駐する郡使の日夕目睹したところであろうから、これも正確な材料があったことと思われる。これはのちのいわゆる筑紫大宰の前身とも見るべきもので、わが国の史料からも当然是認せられることである。

さて景初二年、これは新井白石も指摘したように正しくは三年であろう。二年六月ならばまだ公孫氏の朝鮮は滅びず、帯方には魏の郡治が無かったはずである。それゆえ日本書紀の古注家が引用したものには三年とあり、梁史、北史の東夷伝にも三年に作っているのである。その六月、倭の女王卑弥呼の遣使の記事、これには報詔まで引用しているのであるから、官庭にしかるべき記録があって、まず正確な史料に基づいたものであろう。伝の冒頭に今使訳通ずる所三十国とある。三十国とはその余の旁国というもの二十一国と狗奴国その他を合わせるとちょうど三十になるから、それだという解釈もあるが、それはどうかと思う。これは当時魏朝に交通するものが約三十ばかりもあるということで、正確に勘定したものではない。それゆえ邪馬臺国もそのうちの一つであって、正始元年、同四年の倭王というのは果して卑弥呼であるかどうかはわからない。六年には倭の難升米とあり、八年には倭女王卑弥呼とあるから、これは邪馬臺国であろう。三十国も交通したというのに、その交通の記事はただこれだけであって、それはかの方に史料がほとんど具備していなかったということを示しているのである。史料というものはたくさんに揃っているのといないのとでは、その効用に大きな差異があるということを思わなければならない。

さて話はまた方角や道程の記事に戻るが、郡使の常駐していた伊都国から邪馬臺国へ行くのに、初めのうち、奴国、不弥国までは少しばかり東を指して行ったが、それからは南へ南へと指して行くのである。それゆえ宣長は早くからこの倭人伝の記事を信用しなかったが、三宅博士は一往それを筋に合ったように解釈しようとして、その方角には五-六十度の誤差があるとし、南というのは東の誤りであるといわれたが、文字の誤りといって勝手に改めてしまえば、どんな解釈でもできる。さらに方角とともに道法も大変なのである。不弥国から水行二十日で投馬国に至り、それからさらに水行十日、陸行一月でいよいよ邪馬臺国に行き着くのである。それでは三宅博士もいわれたように、九州を通り越して琉球辺まで行ってしまうことになる。第一に一ヵ月も馬を歩かせる陸地などはないのである。それゆえ白鳥博士は邪馬臺国を九州北部に引き留めておこうとして一月は一日の誤りといわれた。三宅博士も別の意味で一日説を唱えられた。あれも誤り、これも誤りといって、テキストを改めてかかれば、どんな結論でも自由自在に出せる。それでは人々は得心しない。勿論今本の魏志には誤字が無いとはいわれない。前にもいったように卑弥呼の使が行った景初二年は三年の誤りであろう。帯方郡治から伊都国に至る途中の一大国は北史には一支国に作り、当然この方がよろしい。邪馬臺国も今本の魏志には邪馬壹国に作っている。卑弥呼の後に王位に即いた十三歳の宗女壹与は北史には臺与とあって、どちらがよいのかわからない。されば一日を一月に誤ったろうというのは無理もないが、それには一往校勘に手を尽すべきであり、そういう都合のよい異本もなければ、万人に妥当するような理論が伴わなければならない。これは東字を南に誤ったのでもなく、一日を一月に誤ったのでもない。魚豢か陳寿かは、邪馬臺国はそれほど遠い南方にあると考えていたのである。それゆえ「其の道里を計れば当に会稽、東冶の東に在るべし」といっているのである。会稽というのは今のシナの浙江省辺にあった郡名、東冶というのは福建省内にあった県名である。東というのは道里を計ればというのであるから遥に東方という意味ではない。彼等は邪馬臺国は台湾辺か宮古島辺にあるとでも思っていたのであろう。「其の余の旁国は遠絶して得て詳にすべからず」といっているが、それは旁国ばかりではない。邪馬臺国そのものも得て詳らかにしなかったのであろう。さらに不当なのは戸数のことである。奴国の戸数が二万余戸、投馬国が五万余戸、邪馬臺国が七万余戸である。白鳥博士は大宝二年の戸籍の残巻により、一戸平均二十人と見て算出して、そのあまりに人口の多くなるのに驚かれた。当時のシナの人口が一戸平均五名前後であるとして、それで見ると対馬国から不弥国に至る六国の戸数は大体信憑し得られるが、投馬国と邪馬臺国の戸数には多大の誇張があるといわれた。その誇張は「倭国が人口多い大国であると云ふことを示すことによつて、倭国討伐論者の意見を抑へんとした帯方郡あたりの役人の作為したものであると見るのが更に正鵠を得た見解であらう」ということであるが、これは信友が邪馬臺国の遣使が三国時代の乱世に乗じて征伐する裏心で、伊都県主などに命じて覘わせられたものだと解したのと、同じ程度の考え方である。大宝の制度では、五十戸を一里とし、二十里以下を大郡とする。小郡は僅かに二里以上である。五十戸一里といってもそれは最大限であって、多くの里は五十戸に満たなかったのである。しからば奴国の二万戸というのは後世の大郡にしてもなお十郡以上、投馬国は五十郡、邪馬臺国は七十郡になる勘定である。これだけでも百四十郡になる。令制の郡は大郡から小郡まで五階級あって、このうち五分の一が大郡、五分の一が上郡、五分の一が中郡、五分の一が下郡、五分の一が小郡とすればおそらく数百郡になったろう。延喜式では全国の郡数五百九十一しかない。はるかな古代において、邪馬臺国および二十豪国だけで、こんなにたくさんの戸数があったということは到底考えられないので、これによってもこの記事の信用に足らないことは明らかである。

かくて私は考古学者等の説くところによって、漢魏時代のわが国の文化の中心は畿内にあり、魏志にいう邪馬臺はやまとの対音であって、邪馬臺国は大和朝廷であろうと思うのである。当時大和朝廷の皇権がほとんど全国を支配していたけれども、それでも全国には土豪国が多く、それが朝廷の支配を受けながら割拠分立し、そして朝廷を首として、それらの土豪国もシナと交通していたのである。ここで注意しなければならないことは、やまとというのはもとは大和国内の小地方の名であったけれども、当時の朝廷は自らやまとと称してシナと交通していたということである。しかし魏志に説くところは地理でも歴史でも孟浪不稽、近ごろの学界ではその説くところを文字のままに解しようと努力しているようにみえるけれども、それは畢竟無駄であろう。ことに邪馬臺の風俗について、多く興味を感じているらしくみえるが、人間の生活様式は万殊であっても、自ら限界があって、千人の婢女に侍かれ、ただ一人の男子が給仕と取り次ぎとをするというような不思議な生活は到底有り得ないので、ことにその女王が鬼道に仕えて、人民を妖惑するというようなことはまたできないのである。魏志の倭人伝はいろいろ面白いことを説いているけれども、私が今述べたことだけしか、私どもに教えるところはないのである。

一一、日本　ひのもと

日本という国号の意味、その起源

今日では日本というのがわが国の正式の名称であると、公的にも私的にも、また国内的にも対外的にも、そう認められている。こういうのはそれほど新しいことでもない。それゆえ昔からなぜわが国を日本というか、その意味は、それは何時ごろから用い始められたか、その訓み方はどうかなど、この名称に関するいろいろの問題が論議せられてきて、それがわが国号論の中心問題になったような観がある。日本という公式の名称は官撰の書物の上では前にも述べたように、令の公式令に見えているのが最初であろう。このことは後にまた詳しく述べようと思う。しかし本朝第一の史書と尊重せられた日本書紀の名が日本の書紀というのであるから、この日本という国号の研究は日本書紀を取り扱う人々の間から起こってきた。

弘仁私記の序というものの自注に、

日本国は大唐より東、万余里を去る、日東方に出で、扶桑に昇る、故に日本と云ふ、

とあり、これがおそらく日本という国号について論じたものの最初であろう。弘仁私記の序というものは、これも前に一度述べたが、これは後の偽作であって、私記は内々の筆記、すなわち今日にいうノートに過ぎないもので、それに序があるというのもおかしいうえに、そのおかしい序に自ら注を加えているのが滑稽である。しかし延喜の日本紀私記にはこの序の影響を受けたところがあるから、やはりかなり早いころのもので、さればこの説は日本国号論の先登に立つものというべきであろう。これは甚だ簡単で、日本というのはシナの東方、日の出る方角にあるからだという。ただそれだけであって、これではそれは国人が名づけたものか、シナ人が呼んだものか、シナの東方にあるからだといえば、かの方から名づけたというつもりかもしれないが、これは重要な問題だが、それには触れていない。また日本書紀の撰者は日本をやまとと訓ませるつもりであった。そのことも甚だ重要な問題だが、それにも触れていない。

釈日本紀に引く延喜私記には、

又問ふ、何ぞ倭書と云はずして日本書と云ふは如何、説に云ふ、本朝の地東極に在り、日出づる所に近し、又嘉名を取りて、仍ち日本書と号く、

とある。これは大体弘仁説と同じだが、嘉名を取って日本書と名づけたというのは、日本の号は日本

書紀が始めたというのであろうか。また釈日本紀に、

問ふ、大唐此の国を謂ひて倭と為す、而るに今日本と云ふは、是れ唐朝の名づくる所か、将た我が国の自称か、

答ふ、延喜講記に曰く、唐より号づくる所也、隋の文帝の開皇中、入唐使小野妹子倭号を改めて日本と為す、然り而して隋皇物理に暗きに依りて遂に許さず、唐の武徳中に至りて、初めて日本の号を号づく、

とある。これはあるいは承平私記をでも引用しているのであろうか。これは日本号はシナ人が名づけたというのであるが、小野妹子《おののいもこ》を隋に遣わされたのは、隋の煬帝の大業三年（六〇七）であって、文帝の開皇中ではない。その時に倭号を改めて日本としたというのは、妹子の持って行った国書にわが天皇を日出処《ひいずるところ》の天子といい、東天皇といったことを指すのであって、これが日本の国号を意味するかどうかは後に論ずることとする。唐の武徳中始めて日本と号づけたというが、武徳は高祖の時の年号で、この時はまだわが国と唐とは交渉はなく、最初の遣唐使といわれる犬上御田鍬《いぬがみのみたすき》は舒明天皇の二年（六三〇）すなわち唐の太宗の貞観四年に入唐したのである。

釈日本紀にはまた、

延喜公望私記に曰はく、隋書東夷伝を案ずるに、倭国は百済、新羅の東南に在り、水陸三千里、

大海の中に於いて、山島に依りて居る、卅余国皆王を称す、其の国境東西五月行、南北三月行、地勢東高西下、耶摩堆に都す、則ち魏志のいはゆる耶馬臺といふ者也、新羅、百済、皆倭を以て大国と為し、珍物多く、並に敬仰す、恒に使を通じて往来す、大業三年、其の王多利思比孤使を遣はして朝貢す、使者の曰はく、海西の菩薩天子仏法を重興すと聞く、故に朝拝せしむと、兼ねて沙門数十人来りて仏法を学ぶ、其の国の書に曰はく、日出づる処の天子、書を日の没る処の天子に致す、恙無きやと云々、帝覧て悦ばず、鴻臚卿に謂ひて曰く、蛮夷の書礼無き者有らば復た以ちて聞すること勿れと云々、之れに就きて之れを案ずるに、既に自ら日出処天子と謂ふ、大唐の名づくる所と言ふべからざるかと云々、

又答ふ、推古天皇十六年九月唐帝に聘す、其の辞に曰はく、東天皇敬みて西皇帝に白すと云云、是れも亦た日本の濫觴と謂ふべきなり、

とあり、ここの隋書は抄略して引用しているので、意を尽さないけれども、ともかくもここでは日出処天子といい、東天皇というのが日本の意だと解しているのである。また、

問ふ、日本と号する濫觴、大唐何時の書に見ゆるや、

答ふ、元慶の説詳ならず、公望私記に曰はく、大宝二年壬寅、唐の則天皇后の長安二年に当る、続日本紀に云はく、此の歳正四位上民部卿粟田朝臣真人を遣唐持節使と為すと、唐暦に云はく、

此の歳日本国其の大臣朝臣真人を遣はして方物を貢す、日本国は倭国の別名なり、朝臣真人は猶ほ中国の地官尚書のごときなり、頗る経史を読み、容止温雅、朝廷之れを異とし、司膳員外郎に拝すと云々、大唐日本と称するの濫觴此れに見ゆ、又応神天皇御時に高麗上表に云はく、日本国と云々、然るときんば則ち日本と称するの旨亦此の時か、

又師説に云はく、日本の号晋の恵帝の時に見ゆと雖も、義理明かならず、

とある。唐暦というのは今伝わっていないが、唐の柳芳の撰した編年史だという。柳芳は代宗の時の人である。公望私記は延喜四年（九〇四）の私記であるから、唐の正史なる旧唐書も新唐書もまだできていないので、そのころの人は多く唐暦を見ていたのである。旧唐書は五代の晋の劉昫の撰、新唐書は宋の宋祁の撰である。大宝二年（七〇二）の遣唐使の時のことを唐暦に日本国と書いているから、これが濫觴だというのである。一説に応神天皇の御時の高麗《こま》の上表というのは、日本書紀巻十、二十八年九月の条に高麗王の上表に「高麗王日本国に教す」とあるということが見えているのを指すのである。また師説というのは承平私記を引いているのである。承平私記には、

此の時参議紀淑光朝臣問ひて曰はく、倭国を号して日本と云ふ、其の意如何、又何代より始めて此の号有るか、

尚複（復）答へて云はく、上代皆倭国、倭奴国と称ふなり、唐暦に至りて始めて日本の号見ゆ、

発題の始、師説此くの如し、

師説、日本の号晋の恵帝の時に見ゆと雖も、義理明かならず、但し隋書東夷伝に云はく、日出づる国の天皇謹みて日没る国の皇帝に曰すてへり、然るときんば則ち東夷日出の地に在り、故に日本と云ふか、

参議又問ひて曰はく、倭国大唐の東に在り、日出の方に見ゆと雖も、今此の国に在りて之れを見れば、日は城（域カ）内より出でず、而も猶ほ日出づる国と云ふか、又日本の二字を訓みて倭と云ふ、其の故如何、

博士答へて云はく、文武天皇の大宝二年は大唐の則天皇后の久視三年に当るなり、彼の年の遣使粟田真人等大唐に入朝す、即ち唐暦に云はく、是の年日本国使を遣はして貢献す、日本は倭国の別名てへり、然るときんば則ち唐朝日出の方に在るを以ちて、号して日本国と云ふ、東の極、因りて此の号を得るか、

とある。承平六年（九三六）の日本書紀の講筵の時、聴講者紀淑光は日本という名の意味と、その起源とを質問した。それに対して尚復、この時の尚復は誰だか明らかでないが、唐暦に始めて見えているると答えた。これは大宝起源説である。師説、それは時の博士矢田部公望の説であるが、公望は日本の号は晋の恵帝の時に見えているという。晋書にはこのような記事は無いので、それは何書に見えて

いるのか、甚だ不審である。そして隋書を引いて、日本の意味は日出処ということだと答えたのである。しからば淑光は日はわが国内からは出ない、それでも日出国というのか、また日本の二字をやまとと訓むのはなぜかと問うた。淑光はよほど頭の善い人だったと見えて、この質問は甚だ重要な点を押えている。公望は唐暦を引いて、唐朝から見て日の出の方にあるから日本国というのだと答えたが、やまとと訓むことについては返答していない。そしてこの唐暦の説と前の隋書の日出処の説とは相違するが、公望はそれをどういう風に調和しようとしたろうか。

釈日本紀にはさらに唐書の、

日本国は倭国の別種なり、其の国日辺に在るを以ちての故に、日本を以ちて名と為す、或ひと云はく、倭国自ら其の名の雅ならざるを悪みて、改めて日本と為すと、

というのを引用している。これは旧唐書の日本伝の文である。旧唐書は倭国伝の他に別に日本伝を立てているのである。兼方はこれを引用しながら、これについて意見を述べていない。忌部正通の神代巻口訣にもこれを引用しているが、倭国の別種といっているのに「不審」と注している。

顕昭の古今集序注には、さらに古今集の今注というものを引いておって、それにはただ弘仁私記の序を引くばかりで別段に意見を加えていない。顕昭の注にはしばしば延喜の公望私記を引用するのであるが、これに弘仁私記を引いたのは今注からの孫引だからであろう。大夫房覚明だといわれる倭漢

朗詠集私注の序にもまた弘仁私記を引くのみである。北畠親房の古今集序注には、「日本といふことはこの国日の出る所に近し、故に日本国といふ」とばかりある。これも歴代の日本紀私記の説を承けているのであろう。神代巻口訣にも、日わが国に出づる義であるという。

しかるに親房の神皇正統記にはまた、

大日本とも大倭とも書くことは、此の国漢字伝はりて後、国の名を書くに、字をば大日本と定めて、しかも耶麻土と読ませたるなり、大日孁《おほひるめ》の御国なれば、其の義をもとれるか、又日の出づる所に近ければしかいへるか、義はかゝれど、字のまゝに日の本とは読まず、耶麻土と訓ぜり、我が国の漢字を訓ずる事多くかくの如し、おのづから日の本などいへるは文字によれるなり、国の名とせるにあらず、又古へより大日本とも若は大の字を加へず日本とも書けり、

とあって、日の出づる所に近ければという古い説の他に、大日本と定めたのは大日孁すなわち天照大神の御国だからという新しい説を出して、二義を立てている。同じく親房の元々集にも、

今八洲を総べて大日本と名づくる所以は、大日孁貴の降霊に由る、故に此の名有り、

と見えている。これは中世の神道家の間に生まれて出た新説であろう。九条良経の歌集秋篠月清集巻二にも、

我国は　天照神の　末なれば　日の本としも　いふにぞありける

という歌が見えている。親房はまた、

唐書に高宗咸亨年中に倭国の使始めて改めて日本と号す、其の国東にあり、日の出づる所に近きをいふと載せたり、此の事我が国の古記に確ならず、推古天皇の御時、唐の隋朝より使ありて、書を送れりしに倭皇と書く、聖徳太子みづから筆を執りて返牒を書き給ひしには、東天皇敬白西皇帝とありき、彼国よりは倭と書きたれど、返牒には日本とも倭とも載せられず、是より上代には牒ありとも見えざるなり、唐の咸亨の比は天智の御代に当りたれば、まことに中比より日本と書きて送られけるにや、

と、今度は唐書を引いて、日本号の咸亨起源説を立てている。この唐書というのは新唐書で、それには、

咸亨元年使を遣はして高麗を平げたることを賀す、後稍夏音を習ひて、倭の名を悪みて更めて日本と号す、使者自ら言はく、国日の出づる所に近し、以ちて名と為すと、

とある。咸亨元年（六七〇）はわが天智天皇の九年で、親房のいうように、日本書紀にはこの時の遣使のことは見えないのであるが、唐が朝鮮半島を平定して後、その鎮将からしばしば部将をわが国に派遣したから、かの国との間に連絡がなかったわけではない。しかしその後にやや夏音すなわちシナ語を学んで、倭の名の不雅なることを知って、それを悪んで日本と号したというのであるから、新唐

書による限りでは咸亨起源説は成立しないのである。

釈日本紀巻五の大日孁貴《おおひるめのむち》の条に、

先師の説に云はく、天照大神の御本地は大日の条炳焉てへり、大仰せて云はく、大日本国は真言教には大日の本国の心と云々、今文（又カ）符合す、殊勝事也、

とある。先師というのは兼方の父の兼文、大というのは前関白一条実経である。当時の本地垂迹説では、天照大神の御本地は大日如来であるというが、真言宗の僧侶の間では大日本国というのは大日の本国という意味であるといい、実経はこの両説はよく符合するといったのである。後宇多天皇の御遺告にも、

夫れ以《おもんみ》るに、大日本国は法爾の称号、秘教相応法身の土なり、

とあり、善隣国宝記の序にも、

慈覚大師の云はく、神明応跡の国たりと雖も、而も大日応現す、故に日本と号するも亦旨有るかな、

といい、中世の俗書塵滴問答にもわが国は大日相応の国だから大日本国というとある。わが国号論もかくてこのごろの宗教的な煩瑣な中世の学風に染ることになった。この大日の本国説は近世までその影響があったとみえて、林羅山の本朝神社考の序に、

仏氏隙に乗じて彼の西天の法を移して、吾が東域の俗を変ず、王道既に衰へ、神道漸く廃る、而るに其の異端我を離れて立ち難きを以ちての故に、左道の説を設けて曰はく、伊弉諾、伊弉冉は梵語なり、日神は大日なり、大日の本国故に、名づけて日本国と曰ふと、

といい、また荻生徂徠の随筆南留別志《なるべし》にも、

大日本国をきりて大日の本国といふは、物わらひなる滑稽なり、

といっている。

一条兼良は室町時代第一の碩学である。その日本紀纂疏における国号論もしたがって甚だ精細であるが、その博学に累わされたのか、そのいうところどうも要領を得られないようである。すなわちそれに、

日本は吾国の大名なり、東海中に在りて、日出づる所に近き也、韻書に拠るに、説文に曰はく、日は実也、太陽の精にして虧けず、圏一に从ひ象形と、通論に天に二日無く、文に於いて圏一を日と為すと、又本の字は説文に木下を本と曰ふ、木に从ひ、一其の下に在りと、一は其の処を記する也、末と同義、太陽扶桑に出ず、則ち此の地自ら日下為り、故に名づけて日本と曰ふ、東の字は日本に从ひ、義同じ也、唐書の伝に曰はく、日本国は和国の別種也、其の国日辺に在るを以ちての故に、日本を以ちて名と為すと、或ひと曰はく、倭国自ら其の名の雅ならざるを悪みて、

改めて日本と曰ふ、旧と小国、倭国の地を併す、其の人朝に入る者多く自ら矜大、実を以ちて対へず、故に中国焉れを疑ふと、一義に曰はく、本は猶ほ始といふがごとき也、陰陽の二神始めて日神を生む、故に日本を以ちて名と為す、又曰はく、出入を以ちて始終を為すと、此れ日出の国也、隋書の伝に曰はく、大業三年其の王多利思北孤使者を遣はして曰はく、海西の菩薩天子仏法を重興すと聞く、故に朝拝せしむと、兼ねて沙門数十人来りて仏法を学ぶ、其の国の書に曰はく、日出づる処の天子書を日没る処の天子に致す、恙無きやと云々、帝之れを覧て悦ばず、鴻臚卿に謂ひて曰はく、蛮夷の書礼無きもの有らば復た以ちて聞すること勿れと、既に自ら日出処天子と謂ふ、大唐の名づくる所と言ふべからず、故に知る、日本は則ち日出の義也、一義に曰はく、日は衆陽の宗、人君の表也、故に天に二日無く、地には二王無し、孟子の曰はく、天の物を生ずるや、之れをして本を一ならしむと、其れ人物の生ずるや、皆本を二にせず、乃ち自然の理なり、吾が国二王無く、而して其の王たる者皆日神の玉裔、此れ本を二にせざるの謂なり、

といって、なるほどその博学であるところはよく示しているが、説くところは甚だ曖昧である。すなわち(1)わが国は東海日出所にあるから日本という。(2)本は始の義で、二神始めて日神を生んだからだ。(3)隋書を引いて、わが国書に自ら日出処の天子という。日本は日出の義で、これはシナから名づけたものではない。(4)日は人君の表で、わが国は二王無く、その王も皆日神の裔で、本を二にしていない

から日本というのだと、かく四説を立てた。(1)は(3)に通じるようでもあり、(2)は(4)に通じるようでもあるが、ともかくも明らかに四説であって、そして自分ではどの説を主張するのか、明らかにしていない。吉田兼倶の神代紀抄には、

日本ト吾国ニ書ハ日神出生ノ故也、漢書ニハ日出所ナ程ニト云義也、

と二説を立て、その子清原宣賢の環翠軒抄には、

日本ト云ハ義別也、日神ノ出生シタル本国ト云心也、

といい、これらの諸説はいずれも中世的な色彩が甚だ濃い。

近世になると、すべて学問の姿も一変するが、この問題においても同じ傾向が感ぜられる。この時代の学問では儒者と国学者と大きく二派に別れておって、そしてこの問題では儒者はまだ幾分か中世の名残を止めているようでもあり、国学者はわが古典の取り扱いにおいては、儒者よりは遥かに優れた手腕を示しているので、このことでは彼らの主張は甚だ有力なように思われる。国学はこの時代の中ごろからようやく頭を擡げてきたのであって、その勃興ということは、わが学問の歴史に頗る大きな意義をもっているのである。

まず儒者の側から説明することとする。貝原益軒はその和爾雅《わじが》に、

吾が邦東に在り、大陽始発の地なり、故に日本と曰ふ、

といって、別段に新しいことはなく、また新旧両唐書を引いて、さて、

今按ずるに、本邦上古より国を号して日本と曰ふ、異邦人は唐より以来我が国を称して日本と曰ふ、

と、日本の号はわが国の自称であるが、シナでは唐より以後にそれを承けたというのである。これは一種の折衷説のように思われる。

新井白石の古史通或問に、

又唐書に我国後稍習夏音、悪倭名、更号日本、使者自言、国近日所出、以為名とみえしがごとき、しかはあらず、隋書には本朝より彼国に贈り給ひし国書に日出処天子致書日没処天子としるされし事を載せぬ、これ我国の書に日出処天子致書日没処天子としるされしとみえし、即是なり、さらば我国称して日本といひし此比よりや始りぬらん、然るを唐人のごときかくは謬り伝へしとこそ見へたれ、

と、推古天皇の朝に日出処天子と仰せられたことが日本号の始めと解し、また、

旧事紀に初陰陽二神大日本豊秋津洲を生み給ひしとしるされしは、日本とはなほ日出処といふがごとし、古のとき我国を称せし名なりしが故なるもしるべからず、さらば大日本読てオホヒノモトといふべし、また大倭豊秋津島ともしるされしと見へしが故に、後人因りて大日本の字読む事

大倭の字読むに同じかりしにや、日本紀に崇神天皇の御時意冨加羅国王の子来れる時の事しるされしに、伝へ聞く日本国有聖皇といひしも見へしがごときは、かならず読てヒノモトノ国といふべきににたり、

と、わが国に古くからひのもとという名があったというので、これは注意すべき意見である。

伊藤東涯の随筆秉燭譚《へいしよくたん》「日本国号ノコト」と題して、

東国通鑑巻九新羅文武王十年ノ下ニ云、倭国更メテ日本ト号ス、自ラ言フ、日出ヅル所ニ近シ、以テ名ト為スト、コノ年ハ唐ニテハ高宗ノ咸亨元年、本朝ニテハ天智天皇ノ九年ニアタル、本朝ニテシラザルコトナレバ、従ガタシ、然レドモ唐以上ノ書ニ日本ト云コトミエザレバ、此ノ時分ヨリコノ字ヲ用ヒラレタルニヤ、ナヲ又考フ可キナリ、

と見えている。東国通鑑というのは朝鮮の李朝の成宗の十五年（一四八四）に成った朝鮮の歴史で、上代から高麗朝までのことが見えている。古いところは三国史記とかシナの史籍によって書かれたもので、同じくは三国史記を引用すべきであり、むしろシナの唐書などによるべきであるが、東国通鑑は寛文のころわが国で覆刻せられたから、自然に見る機会が多かったのであろう。三国史記は高麗朝の仁宗の二十三年（一一四五）に金富軾の撰であって、わが近衛天皇の久安元年に成ったものであるが、これとてもシナの史籍を本として書かれたものである。

京都の儒者村瀬栲亭はその芸苑日渉にいろいろ新説を提唱した。長文であるから要を採って紹介すると、(1)旧唐書は倭自らその名の雅ならざるを悪みて改めて日本となすとあるが、倭と周と義相い近く、必ずしも悪むべきでないといい、(2)日本の号はじまるところを詳らかにしないが、梁の任昉の述異記に日本国の名があるから、シナの南北朝の時すでにこの号あるに似たりといいながら、しかしその書謬妄浮浅徴を取るに足らずといって、自分の新説を退けている。(3)推古天皇のとき日出処天子といわれたので、当時すでに日本の称あるに似たりといい、(4)また神武天皇始め日向に都し、東征已後大和に遷られて、ついに大和をもって国号とせられた、しからば、これより前には日向をもって国号とせられたが、向と本と漢音相い近し、よって改めて本字とせられたろうという。しかし日向の名は景行天皇にはじまる、すなわちこの説従うべからず、ここでもまた自分の新説を自分で排している。さてまた(5)爾雅の郭璞注に、日本東にありといい、那昺の疏に日下は日所出をいう、その下の国也とあるので、下と本と国読相通ず、日下はすなわち日本であり、周時号して日下としたかと、栲亭はかくいろいろ新説を並べてみたが、自分ではそれを強く主張するつもりでもなかったらしい。栲亭の引用した述異記というのは、その名のように不思議な話を集めたもので、磅礴山という寒いところに、まわり千囲の桃樹があって、万年に一たび実るということを記したところに、「一説に日本国に金桃有り、其の実重さ一斤」とある。しかしこの一説というのが、後の追記ではないかと考えられているが、それよりもこの書のことは梁書の任昉伝にも見えていないし、隋書経籍志、両唐書の芸文志および経籍志にも著録していない。四庫全書書目提要には唐人の偽撰であろうといっている。

伊勢津藩の儒者津阪東陽の薈瓚録には(1)「日本ト称スルノ始ハ何ノ御代ニ起ルヤ詳ナラズ」といいながら、新唐書の咸亨元年遣使の記事、唐暦の則天太后の長安三（二カ）年遣使の記事および東国通鑑の記事を引き、咸亨元年（六七〇）は天智天皇十（九）年、長安三年（七〇三）は天武天皇白鳳七年（大宝三年）、新羅の文武王十年は咸亨元年に当るとして、「此頃ヨリ始テ称セラルト見エタリ」といっている。(2)隋書の日出処天子のことを引き、また述異記に日本の名があるとして「南北朝ノ頃ヨリ已ニ此号アルニヤトモ思ハル」といっているが、(1)と(2)との間に考え方が違っているのに、それを疏通せしめようとはしていない。(3)日本紀に虚空見日本国といい、二神が大日本豊秋津洲を生まれたといい、伊弉諾尊がこの国を目して日本者浦安国といわれた。それは皆耶麻土というように、後から日本の二字を塡められたのだという。(4)「ヒノモトト称スルコトハ古キ詞ニハ見エズ、何レニモ中古以来ナリ」として、国史に始めて見えたのは孝徳天皇大化元年（六四五）高麗百済の使へ詔りたまうに明神御宇日本天皇とあり、公式令詔書式に明神御宇日本天皇をいうのは大事をもちて蕃国に宣する辞とあるから、「然レバ外国へ対シテ称セラルル国号ニテ大化元年ニ始テ達セラレタルナルベシ」という。これも(1)(2)の説と調和しない。そして東陽は大化の詔旨や公式令の詔書式の日本をひのもとと訓むと思っていたらしいが、これもやはりやまととと訓むべきである。(5)史記の夏本紀に括地志を引いて、倭国は武皇后改めて日本と曰うと則天の名づけた国名としているが、括地志は唐の太宗の貞観年中に撰したもので、それに武皇后のことのあるべきはずがない、「武后ヲ名ツケ親ノヤウニ云ヘルコトハ、千万穢ハシキ杜撰ナリ」と憤慨している。しかし正義に「按ずるに武后倭国を改めて日本国と為す」とあるのは、括地志を引いた文の末にあるけれども、これは括地志の文ではなく、正義の筆者張守節の文であるから、この説は当らないが、武后が日本国と改名したというのは杜佑の通典や新唐書の記事とは一致しないのである。

伊勢の学医谷川淡斎士清《ことすが》は山崎流の神学を玉木葦斎に受けた人であるが、その日本書紀通証には神代巻口訣、日本紀纂疏および元々集を引いて注解に充てているばかりである。土佐の儒者戸部原山良熙はまた神学を葦斎に受けた人であるが、その国号考に、やまとに塡てるに、あるいは倭をもってし、あるいは日本をもってする。やまとは中大洲すなわち本洲にもとづき、また畿内の一国を指すのであるが、倭と日本とはわが邦の総号である。そして倭は西土のわが方を称するのを受けたもので、日本はわが邦の自称である。その何世から始まったか知られないが、日本書紀を按ずるに、神功皇后の新羅を征せられた時、かの王は吾聞く、東に神国有り、日本と曰い、聖王有り、天皇と曰うといったという、これはけだしわが邦の旧称を聞いていたものであろう。推古天皇の使を遣わされた時に日出処天子といわれた。天智天皇四年（六六五）に唐使を送って守大石、境部石積を彼に遣わされたのは、彼の高宗の麟徳二年に当るが、これは唐書には載せていない。その後五年、咸亨元年に使を遣わされた時、倭の名を悪みて改めて日本と号した。使者自ら言う、国日の出づる所に近し、もって名となすと、あるひと云わく、日本はすなわち小国にして、倭に併され、故にその号を冒したと、これは日本紀に載せていないが、日本の号が自称であることはこれによって証を取るに足る。日本は小国といっているのは東夷の日高見国のことで、今の俗にいう奥州日の本である。この後三十余年、偽周すなわち武后の長安元年（七〇一）に粟田真人を遣わされた。これは文武天皇の大宝元年に当るが、続日本紀にはそのこと見えず、紀では翌二年に行ったことになっている、かの国では古より倭と称し、咸亨以来日本の号を用いたので、史記正義に武后の時倭国を改めて日本国としたというのは誤りであるという。そしてわが邦夐古日を尚ぶこと万国に逾えている、これすなわち東方の神区、卓異たる霊域、ゆえに天祖日神の号あり、国においてまた豈に日本の佳号なからんやといい、神代巻口訣、日本紀纂疏、神皇正統記、九条良経の和歌などを引用しているのである。原山はわが国が東方にあるから天祖を日神といい、国を日本というのだというのである。そしてまた原山は近世に皇和と称するものがあるが、佳号のごとしといえども古に非ず、ほとんど無稽に渉るといっている。

国学者はさすがに古典の取り扱いには長足の進歩を示している。そのうちでも何といっても最も偉大な大立物は本居宣長であろう。その国号考は国号の諸問題について何れも詳しく論じているが、日本の問題については最も力を尽している。その意見では(1)日本というのはもとひのもとという号があって書いた文字ではなく、異国に示さんために、特に建てられた号である。(2)それは公式令の詔書式に詔書の最初の文句に、国内的の場合では明神御宇大八洲天皇詔旨《あきつみかみとおおやしまぐにしろしめすすめらみことのみことらま》といい、外国に対しては明神御宇日本天皇詔旨というからである。(3)この号は古事記には見えないが、日本書紀の皇極天皇紀までのやまとというのにこの文字を充てたのは、日本書紀を撰する時に改めたもので、もとの文字ではない。(4)孝徳天皇即位の大化元年七月丙子（十日）、高麗の調使に対して明神御宇日本天皇詔旨と宣い、百済使に対してもまた明神御宇日本天皇と仰せられた。これは新たに日本という号を建てて示されたものである。(5)孝徳天皇の御世には始めて年号を建てたり、諸事一新せられたから、この時日本の号を建てられたのも尤である。(6)異国の書では新唐書に咸亨元年（六七〇）に使を遣わしたが、のち、やや夏音を習い、倭の名を悪みて、更めて日本と号したとある。大化元年（六四五）は彼の太宗の貞観十九年で、彼の咸亨元年というのはわが天智天皇の九年である。この間に交通があったのであろうが、日本の号は当方限りで、彼の方に名告らなかったのを、文武天皇の御世に粟田真人を遣わされた時に、正しく日本と名告られたのである。彼の方で武后の時、彼の国から名づけたというのは誤りであるが、年代からいえば尤である。(7)日本という名の義は日の大御神の生れませる国という意と、西蕃から見て日の出る方に当るからという意と両義があるが、推古天皇の御世に日出処天子といわれたのと同じく、後の方がよろしい。(8)やまとを日本と書くことは古事記には一例も無く、書紀では漢文を飾ったからこの嘉号を充てたのである。それを世人は読み惑《まど》うだろうからと、わざと「日本此れを耶麻騰《やまと》と云ふ、下皆此れに效《なら》へ」という注を加えたのである。(9)ひのもとという号は古書には見えず、日本というのは異国に示すためであるから皆音読したのである。万葉集に「日本之」とあるのは皆「やまとの」と訓むのであるが、ただ巻三の不尽《ふじ》山の長歌に「日本之山跡国之」とあるのと、続日本後紀巻十九の興福寺の僧の長歌に「日本之野馬臺乃国遠」、また「日本乃倭之国波」とあるのは「ひのもとの」と訓み、これは国号ではなく枕詞である。(10)それが枕詞として用いられたのは、自分が若いころはやまとを日本と書くから、その訓をそのまま枕詞としたので、春の日のかすが、飛ぶ鳥のあすかなどと同じ例だと思ったが、よく考えればそれは違っていた。春日も飛鳥も地名をそのまま枕詞としたのではないうえに、枕詞のひのもとの文字を国号のやまととして用いたのでもない、ことに枕詞のひのもとはそれほど古いところには見当らないというのである。さすがに宣長は資料を豊富に用意して、考証また該博である。しかし説くところ多少強弁しているようなところもあるが、彼は何でも十分承知の上で、あえて強弁しているようにさえみえるのである。

ここで宣長のいう万葉集の不尽山の長歌というのと、続日本後紀の興福寺の僧の長歌のことを理会に便ずるために少し説明しておこう。不尽山の歌というのは万葉集巻三の山部赤人の不尽山を望む歌の次に載せてあって、やはり赤人の歌とも、あるいは笠金村か高橋蟲麻呂かの作という説もあるが、確かなことはわからない。それは、

なまよみの　甲斐の国　打寄する　駿河の国と　こち〴〵の　国のみ中ゆ　出で立てる　不尽の高嶺は　天雲も　い行き憚り　飛ぶ鳥も　翔《と》びも上らず　燎《も》ゆる火を　雪もて消ち　降る雪を火もて消ちつゝ　言ひも得ず　名づけも知らに　霊《あや》しくも　坐す神かも　石花《せ》の海と　名づけてあるも　不尽河と　人の渡るも　其の山の　水のたぎちぞ　日の本の　やまとの国の　鎮めとも坐《いま》す神祇《かみ》かも　宝とも　成れる山かも　駿河なる　不尽の高峯は　見れど飽かぬかも

というのである。また続日本後紀の興福寺の僧の長歌というのは、嘉祥二年（八四九）三月、仁明天皇の四十の御賀のために、興福寺の大法師らが聖像四十軀を造り、金剛寿命陀羅尼経四十巻を写し、なお天人だとか浦島子だとかの像をも造り、それに長歌を副えて献ったのである。その長歌は今までの長歌のうちで最も長いものといわれている。よって必要なところだけを引用すると、

日の本の　野馬臺《やまと》の国を　かみろぎの　少那彦名《すくなひこな》が　葦菅を　殖ゑ生しつゝ　国固め　造りけむより……此の国の　云ひ伝ふらく　日の本の　倭の国は　言玉の　幸ふ国とぞ　古語に流れ来れる　神語に　伝へ来れる……

というのである。宣長と同門なる荒木田久老の続日本後紀歌考はこの興福寺の僧の長歌を解釈したものであるが、それに「日の本の」というのを解して「こは倭といはん発語なり」という。その発語というのは枕詞のことを指すこの人の用語である。そしてあすかの枕詞に飛ぶ鳥のというから、飛鳥と書いてあすかと訓み、かすがの枕詞に春の日のというから、春日と書いてかすがと訓ませるように、「日の本の」というのは倭の枕詞であるから、やまとと訓ませるために日本と書くのであろうという。そしてその枕詞の意味は「日の神のあれまし、国ちふ意にていへるなるべし」といっている。また同じ人の万葉考槻乃落葉の巻三の上にある富士山の長歌の解にも、これと同じ意見が見えている。しかし続日本後紀歌考の頭書には再考として「この発語も即日出処天子との給ひし意にて、東方の国なれば、日の本とはいへるなるべし」と、前説を訂正している。宣長の国号考は天明七年（一七八七）の刊本で、久老の続日本後紀歌考は寛政三年（一七九一）、万葉考槻乃落葉は同十年（一七九八）の出版であるが、久老の説は宣長よりも素朴で、宣長の国号考には久老の説を見ていたかのごとき口吻がうかがえる。鹿持雅澄の万葉集古義の枕詞解には、「日の本の」というのを枕詞とはしてはいるが、大体宣長の説に従って、日本《にほん》というのは孝徳天皇の御代すなわち大化に異国に示さんために新たに立てられた号である、その語義は日出処の天子といわれたのと同じ意味である。のちにそれをひのもとと訓読して、御国の一つの名となったので、それが枕詞として用いられたのは、秋津島倭というのと同じく、別の名をいいつづけたのであるという。

伴信友はその中外経緯伝に(1)神功皇后が新羅を征伐せられた時に、新羅王は「吾聞く東に神国有り、日本と謂ふ」といったが、神国といったのは、韓国では古代の箕氏のころは皇国ではなお神世であったし、皇国が神の加護の厚い国であることをよく知っていたからであるという。(2)日本というのは日出る方の本ッ国という意味にて、韓国は自ら東方にあることを誇りかに思っていたが、それよりさらに東にある皇国を称え申して日本《にほん》といったのであるといい、(3)皇国では韓国の上表に日本と書いてきたのを採用せられて、外蕃へは日本と詔う例とせられた。(4)推古天皇の御世に日出処天皇と仰せられたのも、韓人のいうところを受用せられたのである。(5)梁の任昉の述異記に日本の号が見えているのは、継体天皇の御代のことであるが、これは韓国の所用を襲用したのである。(6)新唐書に咸亨元年の遣使が倭の名を悪みて、更めて日本と号したというのは天智天皇の御世のことで、その時使者が日本の号のいわれを説明したのである。(7)皇国の大号のやまとに日本の字を用いたのは日本書紀が始めで、それ以前のは皆字音に唱えたのである。(8)懐風藻の辨正法師の詩に「日辺日本を瞻る」とあり、この僧は古事記、日本書紀ができたころは唐国におったのであるが、そのころ唐国にあっても日本と唱えていたのである。(9)万葉集巻一の山上憶良の大唐にある時、本郷を憶うて作った歌に「いざ子等、早く日本へ大伴の御津の浜松待ち恋ひぬらむ」という日本を、一般にやまとと訓んでいるのを、信友は特にひのもとと訓み、これは辨正法師が唐にあって日本を詠んだのと同じ例だという。⑽日本の字が嘉号であるから、字訓にひのもとと訓んで、御国の別称とした。⑾万葉集の不尽山の長歌や続日本後紀の興福寺の僧の長歌に詠まれてあるひのもとは皇国の美称として、やまとの枕詞のごとくに置いたのであるといった。

万葉集の訓点は村上天皇の御世に源順らのいわゆる梨壺の五歌仙が始めて訓んだのだという。それより以前にも訓まれていたのに相違ないが、ともかくもこのころの点を古点という。次に藤原道長ら次の時代の人が訓んだものを次点といい、鎌倉時代に僧仙覚が訓んだものを新点というのである。万葉集のこの歌には「早日本辺」とあるのを、古点から新点までは率ねはやひのもとへと訓み、次点の一本にははやくやまとへと訓んだものがあったという。しかるに契沖はこれを次点の一本と同じくはやくやまとへと訓み、それから荷田春満の僻案抄、真淵の考より以下ほとんどこれに従い、ただ橘千蔭の略解にははやもやまとへと訓み、古義にははややまとべにと訓んだが、ともかくも近世の諸家は皆日本をやまとと訓み、ひのもとと訓んだものはいないので、信友も十分これは承知のはずだが、それをことさらにひのもとと訓んで考証しているのは何か意図があったとしか思われない。

守部はその日本書紀の注釈なる稜威道別《いつのちわき》にも、万葉集の注釈なる檜《ひ》の嬬手《つまで》にも、日本をひのもとというのは皇祖神が日向に坐《ま》しました時、大八嶋を数え始められたのに、やまとは日向から正東に当るから、日の本といったので、それをやまとの発語すなわち枕詞としたのは、春の日のかすが、飛ぶ鳥のあすかと同じ例であるといった。

幕末の学者椿仲輔に日本国号の論というものがある。それには(1)万葉集の不尽山の長歌に日本之山跡国とあるが、この日本は山跡の枕詞である。これは誰の作か明らかではないが、大方和銅から天平のころまでのものであろう。(2)日本の号を用いられたのは日本書紀が最初であるが、これは養老四年(七二〇)の撰修であるが、何時詔を奉けて撰述に着手したか明らかでないけれども、元正天皇の御世とすれば、霊亀元年(七一五)から五年間ばかりのほどであろう。(3)日本の号は和銅六年(七一三)五月に畿内七道諸国の郡郷の名に好字を著けしめられた、必ずこの時であろう。(4)それは和銅五年(七一二)に上《たてまつ》った古事記には日本の字が見えていないからである。(5)外国の書では両唐書、杜氏の通典に、国が日辺にあるから日本をもって名としたとあるが、それはそのころ使した者が日本国といったのを聞いて、そういうことをいい出したのであろうといい、(6)史記正義に武后が倭国を改めて日本としたといい、朝鮮の東国通鑑に新羅の文武王十年に倭国が日本と号したとあるのは年紀が合わない、外国伝聞の説は証とはならないといった。(7)なおこの書には日本書紀斉明天皇五年(六五九)の紀に伊吉連博徳書《いきのむらじはかとこのしょ》を引用し、それに日本国天皇と見えているが、斉明天皇五年は唐の高宗の顕慶四年に当るといっている。これは甚だ重要なことで、仲輔のいう和銅六年説には都合の悪いことになるが、それについては何事も説いていない。

明治になっても、この問題では、その中ごろまでまだ前時代の名残を留めていたように思われる。飯田武郷の日本書紀通釈はいつごろ書かれたものかわからないが、世に出たのはこの時代で、その総論に日本書紀の題号を説いて、また国号の問題にも触れ、やまとについては新説を出しているが、日本ということについては、前時代の説を承けているのみである。すなわち(1)日本という文字は孝徳紀の大化元年の詔書に始まり、やまとというのにこの文字を充てたのは日本書紀に始まるという。これは宣長の国号考の説を承けているものである。(2)そしてこの号は異国に示さんがために設けられたもので、その元は韓国より称《とな》え奉った称号を受けさせられたものであるという。これは信友の中外経緯伝の説を承けたものである。

木村正辞先生は東洋学会雑誌の第九号に「日本国号考」を発表せられた。先生の意見もまた大体信友の説を承けていられるのである。すなわち(1)日本という号はその始めは三韓人のいい出したものであろう。いつからいい始めたかは確かではないが、崇神天皇の御代に任那の国始めて入貢してから、韓国としばしば往来したから、そのころのことであろう。(2)日本という号は本邦の国号としては最も適当しているから、わが方でもそれを採用して、ついに万世不易の称とせられたもので、ただし、その初めはことに外国人に対する時にのみ用いられた。(3)日本の文字は音にてにほんと唱えたもので、これをやまとというのは日本紀が初めである。(4)ひのもとというのは日本の二字を訓読したもので、それを本邦の一名とした。(5)大化二年二月の詔に明神御宇日本倭根子天皇とある日本はにほんと音読した証で、これをやまとと訓んでは下の倭字と重複するといわれた。

木村先生の説はそれほど新しいところがあるとは思われないが、そのころはまだ信友の中外経緯伝はあまり広く流布していなかったとみえて、先生の説は新しいとして当時の学界を刺激したらしい。それから少し経って、明治二十五年の四月に、当時の帝国大学教授の星野恒博士は史学会で、「日本国号考」と題して講演せられ、その筆記が同会の雑誌の第三編の三十、三十一号に発表せられた。それによると(1)倭、耶馬臺、日本の三者は並にやまとと訓み、それは畿内のやまとで、神武天皇以来歴代の帝都の所在なれば、ついに全国の大号となった。(2)推古天皇十五年に小野妹子を始めて隋に遣わされた。従前の交通は皆西埵土豪の所為で、朝命に出たものではなく、この度こそ真に朝廷より派遣せられたものであるから、ここに国号撰定の必要が生じ、国書に日出処とか東とか認められたが、三字もしくは一字では国号とすべきではなく、これにおいて日本の文字を撰定して、国号とせられたのである。(3)日本の名義は字訓のごとくひのもとで、すなわち日出処を約したもので、新旧唐書にその国日辺にあればとか、国日出づる所に近しとかいっているのは、本邦の使者の言を承けて記したものである。(4)この文字の撰定は外国に対したもので、国号を改められたものではなく、ゆえに国内には訓義にかかわらずなおやまとと訓じてこれを用いた。(5)されど万葉集における不尽山の長歌、山上憶良の歌および続日本後紀における興福寺僧の長歌のごとく、字訓のままにひのもとと唱えしものも少なくなく、元来漢字は皆意義があるから、当時直ちにこの称ありとするも、何の不都合もなし。(6)日本の文字を国号に定められたのは、宣長の国号考に孝徳天皇の時とするごとく、大化初年は諸般の改革をせられた時であるから、国号も必ずこの時に制定せられたものであろうといわれた。星野博士の論には木村先生の説を批判せられてあるが、そのころは万事暖気だったとみえて、先生はそれから六七年経った明治三十二年七月の史学雑誌第十編の第七号に、「星野氏の日本国号考に就て」という駁文を発表せられ、博士は十一月号にそれに答えて「日本国号考の補考」を出され、先生はさらに翌三十三年の正月号にまた「駁星野氏日本国号考の補考」を出されて、論争を重ねられたが、別段に新しい意見を発表せられたのではなかった。この論争はさらに学界を刺激したとみえて、三十二年十二月の史学雑誌第十編の十二号に、川住鏗三郎は「日本国号の管見」と題して、日本なる文字は古事記には見えず、日本書紀に始めて見えているから、古事記の撰せられた和銅五年から日本書紀の撰せられた養老四年までの九年間に制定せられたもので、なかんづくおそらく書紀の撰定せられたと同時ならんといわれた。この説は決して新しいものではなく、またあまりに簡単に割り切られた。川住氏は伊吉連博徳書や令の公式令には気が付かれなかったらしい。

内田銀蔵先生は翌三十三年の正、二月に、史学雑誌の第十一編の一、二号に、「日本号の起原」という論文を発表せられた。それには(1)名称の意義として、日本国とは日の出づる国ということ、すなわち東方の国という義であるといわれた。(2)称呼の沿革として、日本の二字は最初にはにほむと字音に唱えたものでもなく、またひのもとと訓読したものでもない。神代紀の注のごとく一般にやまとと訓んだもので、それは邦人がそう読んでいたばかりでなく、韓人までも古代ではやはりやまとと読んだのである。やまとを日本と書くのは大化以前から早く行なわれていたことで、日本書紀の原になったものにそれを使用していたから、日本書紀はそれを遵用したまでで、ただ書紀は倭と日本との用法を一定しただけである。木村先生はこれをにほんと唱えたとし、大化の詔に明神御宇日本倭根子天皇とあるのを、明神《あきつみかみ》とにほんをしろしめすと読まれ、それをやまとと読んでは下の倭根子と重複するといわれたけれども、これは明神とあめのしたしろしめすやまとねこ天皇と読み、日本は下の天皇に連続するのであって、下の倭字は衍字であろうといわれた。(2)日本と言う文字が使用せらるるに至りし来歴として、わが国に漢字が行なわれ始めた時代は、文筆のことは帰化人あるいはその子孫の手を借りたであろうが、彼らはやまとという語を書くに当って、あるいは邪馬臺、揶磨等、耶魔等などと仮名書し、また山常、山跡、八間跡などと訓を借りて塡用したが、最も普通に行なわれたのは倭という文字を塡用するにあった。しかし好字を選択しようとして、わが国が海東の国であるから、東の一字をもってしたこともあるべく、またひのもとのくにであるから、日本の文字を用いたこともあったであろう。かくして日本という文字が使用せられることが始まったのである。そして彼らはそれを公の文書にも使用し、特に韓国などに対する往復文書にも好んでこれを塡用したであろう。かくしてこれが自然に公認せられることとなったので、大化改新の時に始めて制定せられたものとは思われない。星野博士は欽明天皇十五年に、百済の上表に倭の臣の文字があるといわれたが、同紀十四年八月の上表には三ヵ所も日本の文字が使用しているので、これは日本書紀撰定の時に、ほしいままに改めたものではない。(4)日本という文字が始めて用いられた時代としては、神功皇后紀以前に見える日本という文字はのちの史家の記したものであろうが、継体天皇紀二十五年に引いてある百済本記の文中に見えている日本天皇というのはすこぶる玩味すべきで、けだし百済本記の編纂はこれよりは以後であろうが、これは同時代の記録の原本をそのまま採用したと思われるので、同天皇のころにはすでに韓人によって使用せられていたと見做してよかろう。推古天皇の朝の国書に日出処天子とか東天皇などと書かれたのは、当時日本の号が無かったように思われるかもしれないが、当時慣用の倭の文字を用いずして、日本と同意義の一層文雅な文字を用いたのは、普通に日本という文字の行なわれていたことを推測せしむるものである。大化元年の詔に「於磯城《しき》島宮《しまのみや》御宇天皇十三年の中に、百済明王仏法をわが大倭に伝え奉れり」といい、斉明天皇紀七年に引く伊吉連博徳書《いきのむらじはかとこのしよ》に「大倭天報《やまとのあめのむくい》之《の》近《ちかき》」の語があり、また天武天皇紀三年の条に「およそ銀の倭国にあること、初めてこの時に出づ」とあるなど、大化以後も日本、大倭、倭等の文字を混用しているのは、大化以前と別に異なるところなく、大化以後に日本という文字を用いたのは釈道顕の日本世記といい、懐風藻に載せた釈弁正の詩に日辺瞻日本とあるなど、古事記、日本書紀の以前からある。史記五帝本紀の正義に武后倭国を改めて日本国としたとあるのが採るに足らざることはすでに論弁せられたごとく、これは武后の時わが使臣粟田真人が自ら日本国の使と称したことを誤り伝えたもので、真人は文武天皇二年に使し、それは古事記の成ったのより十年以前、日本書紀の成ったのよりも十八年以前である。三国史記新羅本紀文武王十年の条および東国通鑑の同条に、倭国あらためて日本と号すとあるのは、新唐書によりさらに一層誤ったもので、少しも採るに足らないといわれた。先生のこの論文はそのころまでの多くの国号論の中で最も出色のものである。

喜田貞吉先生は史学雑誌の第十一編の二号に「日本号に関する諸家の説に賛成す」と題して、(1)日本はひのもとで、日出処の義であるが、これは外国に対して制定したもので、国号を改めたものではなく、倭の字と同じくやまとと訓じて用いたという星野博士の説に賛成する。(2)日本の二字を訓じてひのもとといい、一名としたもので、ひのもとという名があって、それに日本の字を塡めたものではないという木村博士の説に賛成する。(3)日本という文字は和銅五年から養老四年までの九年間、なかんづく書紀撰定と同時に制定せられたという川住氏の説に賛成する。(4)ひのもとという枕詞があって、飛鳥をあすか、春日をかすがと訓むごとく、日本の字をやまとと読んだのだという荒木田久老の説に賛成するといい、わが国はシナより東方にあるから、古くよりやまとという国号はあるけれども、またひのもとという思想があって、それが枕詞として用いられ、日本書紀を撰する時に、その枕詞をもってわが国名に充て、畿内の一国たるやまとには倭あるいは大倭を用いて区別し、しかも日本の二字もなおやまとと訓んだけれども、のちにはひのもとあるいはにっぽんと文字通りに読むようになったのだといわれた。この時の国号論ブームはこれで一往は終熄した形である。

東洋史学者はシナ朝鮮などの外国史料をもって、この問題と対決しようとした。橋本増吉学士は昭和六年一月および三月の歴史教育第五巻の十一、十二号に、「日本の国号に就いて」という論文を発表した。それには(1)日本という文字はやまとと読ませ、それは日本書紀の編者の新しい企図ではないかと思われる。(2)それよりも約十九年前に唐ではわが使者を明らかに日本国の使節と認めていた。これは当時わが国において外国に対して日本という国名を使用していた証拠である。(3)また三国史記新羅本紀孝昭王七年（六九八）すなわち文武天皇二年の条に「日本国使至る、王崇礼殿に引見す」とあって、これは書紀の編纂より二十四年前である。(4)当時正式の国号はやまとであるが、外国に対して日本という文字を使用していたので、これをにほんと読み、あるいはひのもとと訓むものもあろうから、日本書紀ではそれをやまとと読むべきことを注意したのである。(5)旧唐書では唐の高宗の永徽四年（六五三）すなわち孝徳天皇の白雉四年の遣使までを倭国伝に入れ、新唐書では咸亨元年（六七〇）すなわち天智天皇九年の後に至って、日本の号に改めたとしている。(6)両唐書の百済伝によると、百済の滅亡の時までわが国をことごとく倭といっている。これは朝鮮の三国史記、東国通鑑も同様であるから、天智天皇四年（六六五）までは彼の国には倭国で知られていたのである。(7)旧唐書によると長安三年（七〇三）すなわちわが大宝三年の遣使から日本の国号を認めており、三国史記では前に述べたように、孝昭王七年に日本国使といっているのであるから、外国に対して公に日本の名を用いたのは、天智天皇九年から文武天皇二年までの間といわなければならないという。

また岩井大慧博士は昭和十五年六月の歴史教育第十五巻の三号に「日本国号の再検討」と題して、同じような意見を述べられた。すなわちシナ側の史料によれば両漢三国より南北朝を通じて隋に至るまで、彼の方では常にわが国を倭と呼び、わが国も倭と称して交通していた。唐代に入って倭を廃めて日本と改称したが、それは旧唐書によれば太宗の貞観二十二年（六四八）から武后の長安三年（七〇三）までの間のごとく記している。新唐書ではこれを高宗の咸亨元年（六七〇）よりやや後のこととしている。(2)朝鮮の三国史記では日本の称号は新羅孝昭王の七年（六九八）三月が最初である。(3)日本書紀の継体紀二十五年に引いてある百済本紀に日本天皇とあるのはおそらく原本には倭とあったものを、書紀の編者が改めたものであろう。朝鮮の任那にある官家を日本府とあるのも、これもおそらくやまとのみこともちといったのであろう。(4)宣長は日本号を大化元年（六四五）に係けているが、この時突如としてそれを使用したとは思われない。(5)なお日本というのは日出づる所という思想であって、それが七世紀の初頭から存したことは推古天皇の御時の国書からも疑うことはできない。シナをくれ（呉）というのは白鳥庫吉博士のように暮の国ということで、それに対してわが国は明けの国すなわち日出の域として、日の本の国とする思想があったのであるといわれた。なお同氏は東亜学第一輯に「日本国号私見」と題して、ほぼ同じことを述べていられる。この後もなお多く世に出た国号に関する著書、論文にも勿論この問題は論ぜられているが、諸家の学説の紹介はほぼこれで十分であろうと思う。

こういう風に日本という国号について、昔の人々の意見を訪ねて見ると、皆説々であって、ほとんど統一がない。その意見はどういう道を辿って進んだか、それも幾筋にも別れて、全く跡を追うにも困るほどである。何だか皆てんでんに勝手なことを主張していたようにも思われる。それでも今またこの問題を論じようとすれば、やはり一往は先人の跡を顧みないわけにはいかず、またそうすることが最も都合がよい。

(1)先人の説くところは甚だ多岐であるが、まず第一にこの号はわが国自ら称えたものか、あるいは外国から名づけたものかということから吟味して見よう。延喜の日本紀私記は唐から名づけたものだろうといったが、同じ時の公望私記にはそれを疑っている。史記の五帝本紀の正義に則天太后が倭を改めて日本と号したとあるが、諸家はほとんどそれを承認していない。伴信友は韓人が名づけたもので、それが佳号であるから、本朝でも採用せられたものであるといい、木村正辞先生もそれを承けていられた。内田銀蔵先生はそれは帰化人の所為であろうと考えられた。しかし立派な独立国がやまとという名があるのに、他所の国が付けてくれた名称をありがたがって受用したろうか。佳号だからといっても、別称あるいは雅名として、国号の他に用いるのならばともかくもであるが、日本というのはそういう意味の名とは思われない。

(2)宣長は日本というのは異国に示す名だといった。信友も儒者の東陽も、明治以後になっては飯田武郷も木村先生も星野博士も内田先生も皆その説である。しかし国の名に外人用の名というのがあるだろうか。輸出商品のラベルとは違うのだから、特に外人向きの名というものを定めておいたとは到底考えられない。今日でも外国語を用いる時は、自分の国の名をジァパンといって、別段におかしいと思っていないように、上代の文章は皆漢文だったからだというのならば、当時は国内でも文章は皆漢文だったのである。それでも異国に示す名というものを用意しておいたろうか。しかも日本書紀でも万葉集でも、特に異国に示すとは限っていないのに、やはり日本の文字を使用している。公式令の詔書式に、国内的の場合には「明神《あきつみかみ》と大八洲御《おほやしましろ》しめす天皇《すめらみこと》」と仰せられるのに対して、蕃国使に宣する場合には「明神《あきつみかみ》と宇御《あめのしたしろ》しめす日本《やまと》の天皇《すめらみこと》」と仰せられると規定している。宣長もその他の人も、これから思いつかれたようであるが、これは日本とあってもやまとと読むので、すなわちやまとという詞に日本という文字を充てたのに過ぎないのである。上代の勅旨は皆漢文の文書で出されるが、詔は荘重な儀式の下に、古典的な日本語で宣命せられるのである。宣長らは日本の二字はにほんと音読したというけれども、これも古典的な日本語でやまとといわれたのである。日本書紀の神代紀の注に「日本、此をば耶麻騰と云ふ、下皆此れに效へ」とある。この注は後人の追記したものであるが、書紀撰上の後間もないころのもので、これによって日本書紀に多く見えている日本の二字は皆やまとと読まれていたことが知られ、万葉集にある日本の字もやまとと読むのが正しいのである。これを音読したろうという証拠は得られないうえに、そういうことをいうのは単なる推量に過ぎないのである。

(3)しからば日本の字義はいかに。これに対していわゆる弘仁私記の序以来、皆わが国が東方にあり、日の出る処に近いからだと答えている。これには今日までほとんど一人の異解を抱いた者もないのである。しかしこの解釈はよく考えて見れば甚だおかしい。わが国はどこから見て東方にあるのか、わが国から見ればわが国は決して東方にはないのである。シナ、韓国から見れば東方にあるが、これはシナ、韓国を宗主国とする属国的な考え方である。人というものは誰でも自分を中心として物を考える。何某は自分の右におり、誰は左にいる。また何は前にあり、何は後にあると考えるので、自分は常に誰かの左におり、何かの後にあるなどとは到底考えられないのである。これは国においても同じことである。そういう考え方はいわゆる分裂症的な考え方であって、第一の人格があって、第二の人格がその左にいたり、右にいたりすると考える考え方である。わが国が東方にあるから日本国と名乗るというようなことは決してありえないのである。承平の日本紀講筵の時に、聴講者参議紀淑光は「倭国は大唐の東に在り、日の出る方に見ゆと雖も、今此の国に在りて見れば、日は域中に出でず、而も猶ほ日出国と云ふか」と質問した。これは尤も千万であって、どこの国でもその国が中央であって、自分で東に僻在しているとか、西に偏側しているとか考えるはずはない。欧洲のオーストリアはÖster Reich すなわち東の州ということであるが、これをもって私の議論を反証しようとする人があるかも知れないが、これは独逸民族のうちの東の州ということで、オーストリア人自身が万国の東に偏在していると考えているのでは決してない。推古天皇の御時の国書に「日出処の天子書を日没処の天子に致す」とか、または「東天皇敬しみて西皇帝に曰す」と仰せられたのを証拠として、わが国自ら日出処とか東とかいっているとしばしば論ぜられたが、これはわが国と隋とを対比していわれたので、わが国を特に自ら東の国といったのではない。かの国を日没処というのも、やはりわが国から見ていうことで、この例は万葉集にも、天平五年の入唐使を贈る長歌に、

そらみつ　山跡の国　青丹《あおに》よし　平城《なら》の京師《みやこ》ゆ　忍照《おして》る　難波にくだり　住吉《すみのえ》の　三津に船のりたゞ渡り　日の入る国に　遣はされ　わが世の君を　かけまくの　ゆゝし恐き　墨吉《すみのえ》の　吾が大御神　船のへに　うしはきいまし　船ともに　御立しまして、さしよらむ　磯の崎々　こぎはてむ　泊々に　荒き風　浪にあはせず　平けく　率《ゐ》てかへりませ　もとの国べに

とある。これも唐国自ら日の入る国といったのではないことはいうまでもない。信友は韓国人が自ら東華、東国などといったのは、日の出るかたに近き東の国ぞとほこりかに思っていたからだといったけれども、これは李氏の朝鮮になってからのことで、当時彼の国はシナの正朔を奉けていたから、シナを宗主国として、その東の藩国ということで、決して得意になって、そういったのではない。では日本というのはどういう意味か。それは次に述べることとしよう。

(4)荒木田久老は日の本のというのはやまとの枕詞で、あすかに飛ぶ鳥のという枕詞があるから、飛鳥と書いてあすかと読ませ、かすがに春の日のという枕詞があるから、春日と書いてかすがと読ませるように、日の本のやまというから、日本と書いてやまとと読ませるのであるといい、椿仲輔も同説であり、喜田先生もそれに賛成せられた。私もその説がよろしいと思う。宣長はひのもとのという枕詞は古いところには無いという。これは万葉集の不尽山の長歌と、続日本後紀にある興福寺の僧長歌にだけしか見えていないが、これだけでもそれが枕詞であることを証するには十分であり、また

万葉集の例は他の枕詞と比べて、決して新しいとはいわれない。宣長は「おのれいまだわかゝりし程に思へりしは、やまとを日本と書く故に、その字のうちまかせたる訓を、やがて枕詞におけるにて、春日の春日、飛鳥の飛鳥などゝ同じ例なりと思へりしはあらざりき」と枕詞説は甚だ幼稚な考えだといわぬばかりである。そして宣長は「たゞ日の本つ国たる倭といふ意にぞ有ける」といって、飛鳥や春日の例とは違うというのである。私は宣長の飛ぶ鳥の明日香の解釈にも同意できないし、また飛鳥や春日の例とは少しも違わないと思うのである。前にも述べたように、日の本つ国という考え方がすでにおかしいのである。やまとというに日本全国の場合だけを考えてはいけない。広狭さまざまのやまとがあり、そのやまとが皆日の本つ国だとは到底いわれないはずである。さてしからば日の本のというのが何故にやまとの枕詞に置かれるようになったのか。久老は始めは日の神のあれまし国という意だといったが、のちにはやはり東方の国だからといった。私は語源の学問には甚だ弱く、またそれにはあまり興味をもたない。とりわけ枕詞の解釈はことに困難を覚えるものである。しかし試みにいうならば、日の本はやまとのやまにかかるので、朝なあさな日は山から出るから、日の本の山というのであろう。浜松中納言物語にある歌に、

日の本の　山より出でむ　月見ても　まづぞこよひは　恋しかるべき

というのがある。私の考えはこれから思い付いたのではないが、日の本の山というのは考えられない

ことではない。必ずしも東方ということにこだわる必要はないだろうと思う。

(5)日本というのを国号に用いられるようになったのはいつごろからのことか。宣長はそれは大化の改新のころからであろうといい、その同じ意見の人も甚だ多い。私もおおよその見当であろうと思う。宣長は日本書紀の孝徳天皇即位大化元年（六四五）秋七月丁卯朔丙子（十日）の条に、高麗《こま》、百済《くだら》、新羅《しらぎ》並に使を遣わして調を進まつった、巨勢《こせ》の徳太《とくた》の臣《おみ》が高麗使に詔を宣して、明神《あきつみかみ》と宇御《あめのしたしろ》しめす日本《やまと》の天皇《すめらみこと》の詔旨といい、また百済使に宣して、明神と宇御しめす日本の天皇の詔旨といったと見えているのを、「これぞ新に日本《にほん》といふ号を建て示したまへるはじめなりける」といい、また「すべて此の孝徳の御世には年号なども始まり、その外も新に定められつる事ども多かれば、此号の出来しもいよゝ由有ておぼゆるなり」といった。日本書紀には神世のことからやまとというのに日本の文字を充てている。宣長も「後に此紀を撰ばれし時に、改められたる物にして、そのかみの文字にはあらざるを」といっているように、日本書紀には地名でも官名でも、その撰上の養老のころの実際から、それを上古にさかのぼって用いる史筆の癖があるから、その見方からすると、この大化元年の記事も確かな証拠にはならないけれども、大化は何分世上の大きな建替の時期で、その時に目安を置くのはいかにも尤だと思われる。官撰の書で日本書紀よりも前に日本の文字を正確に使用したのは、前にも説明した公式令の詔書式であろう。令は大宝元年（七〇一）に修撰せられたものである。

日本書紀の古注に伊吉連博徳書、百済本記および日本世記というものを引用していて、それにも日本の号が見えている。博徳の書には日本国天皇とか、倭客、大倭天報などといって、わが国のことを日本とも大倭とも両様にいっているのである。博徳は斉明天皇五年（六五九）の遣唐使の随員であって、七年に帰朝し、その書というのは帰朝の報告書である。また継体天皇二十五年二月、天皇崩御の条に引用せられた百済本記には、「日本天皇及び太子皇子倶に崩薨す」とあり、欽明天皇五年三月の条の同書には「日本府」とあり、十一年二月の条のものには「日本使人阿比多」とある。この百済本記というのは何時ごろ書かれたものか明らかでなく、内容には継体、欽明両朝のことが見えているけれども、書かれたのはそれより後で、おそらく百済遺民の筆になったものであろう。日本世記は高麗僧道顕の著で、道顕は天智天皇の御世に来朝していたものである。この書には書名にすでに日本号が見えているのである。今日までは日本書紀の古注およびそれに引用したものも、皆日本書紀撰者の手に成ったもののように解せられてきたが、古注は一切撰者の与り知らないもので、一つの例外もなく皆編纂の関係者、あるいは後の研究者の追記したものである。ことに日本書紀は信友のいうように、その資料を書名を著わして引用する体例ではないのである。これらは研究者が日本書紀の記事の研究参考のために、そのもとづいたと思われる資料、あるいは参考記事を注記したものに過ぎないのである。それゆえこれらに見える日本号は書紀本文の日本号とは違って、当時実際に行なわれていた跡を示すものである。すなわちこれらによれば日本号は正しく斉明天皇の御世までさかのぼれる。大化以前、推古天皇の御世に日本という名があったならば、恐らく日出処天子とか東天皇などとはいわれなかったのではなかろうか。

大化の改新は正しくいえば大化二年（六四六）正月の詔で宣布せられたものである。大化二年は唐でいえば太宗の貞観二十年に相当する。唐ではそれより前の貞観十年に隋書を造った。その東夷伝におけるわが国に関する記事は、それまでの諸史の外国伝よりもいろいろ新しい事実が見えているが、これには日本号のことは無い。日本号が大化から始まったとすれば、それは当然のことであろう。次の高宗の朝に李延寿が北史および南史を撰し、顕慶四年（六五九）に上《たてまつ》った。それはわが斉明天皇五年に当る。その四夷伝および夷貊伝に日本号が見えてもしかるべきであるが、この書は以前の諸史の記事を承けているばかりであるから、これには日本号は見えていない。

外国の書で日本号の始めて見えているのはおそらく神亀五年に来聘した渤海《ぼっかい》国の表であろう。渤海国はこの時始めてわが国に通聘したもので、その表文は続日本紀巻十神亀五年（七二八）正月甲寅（十七日）の条に載せられている。それには、

武芸啓す、山河域を異にし、国土同じからず、延に風猷を聴き、但だ傾仰を増す、伏して惟《おもん》みるに、大王天朝命を受け、日本基を開き、奕葉《えきよう》光を重ね、本枝百世なり、武芸忝くも列国に当り、

濫りに諸蕃を惣《す》べ、高麗の旧居を復し、扶余の遺俗を有《たも》てり、但だ天崖路阻て、海漢悠々たるを以ちて、音耗未だ通ぜず、吉凶問ふことを絶つ、親仁結援、庶《こひねがは》くは前経に叶ひ、通使聘隣、今日に始めむ、謹みて寧遠将軍郎将高仁義、游将軍果毅都尉徳周、別将舎那婁等二十四人を遣して、状を賷《もたら》し幷に貂皮三百張を附して奉送す、土宜賤しと雖も、用ちて献芹の誠を表す、皮弊して珍に非ず、還りて掩口の誚《せめ》を慚づ、主理限り有り、披胆未だ期せず、時々音徽を嗣ぎて、永く隣好を敦《あつ》くせむ、

とある。わが神亀五年は唐では玄宗の開元十六年に当る。そのころ唐では日本号が知られておったから、渤海はそれを承けているのであろう。唐の六典《りくてん》巻四主客郎中員外郎の条に、「凡そ四蕃の国、朝貢を経たる後自相に誅絶し、及び罪有りて滅されたる者盖し三百余国、今在る所は七十余蕃有り」とあって、その所の注に日本の名が見えている。六典は玄宗の撰、その注は時の宰相李林甫等の加えたもの、これも渤海国の表とほぼ同じころ、ややおくれた時のことであろう。唐の李白の詩にも日本の号が見えていることはひろく知られている。李太白詩に「晁卿衡を哭す」として、

日本の晁卿帝都を辞し　　征帆一片蓬壺を遶る
明月帰らず碧海に沈み　　白雲愁色蒼梧に満つ

とある。晁衡《ちようこう》というのはわが阿倍仲麻呂で、仲麻呂は養老元年の遣唐使に随って入唐し、唐朝に重用

せられて久しく逗留し、天宝十二載（七五三）、わが天平勝宝五年に、一度帰朝しようとして、悪風に南海に流され、再び入唐してついに帰朝しなかった。この詩は李白が仲麻呂の漂流したことを聞いて、弔って作ったものといわれている。このころ彼の地ではわがやまと日本をわが国号として、音読していたのであろう。

わが遣唐使は舒明天皇の二年（六三〇）に犬上御田鍬《いぬがみのみたすき》を遣わされたのを始めとして、大化以後では孝徳天皇の白雉四年（六五三）に吉士長丹《きしのながに》を、その翌年に高向玄理《たかむこのくろまろ》を、斉明天皇の五年（六五九）に坂合部石布《さかあいべのいわしき》を、天智天皇の四年（六六五）に守大石《もりのおおいし》を、同八年（六六九）に河内鯨《かわちのくじら》を、文武天皇の大宝元年（七〇一）に粟田真人《あわたのまひと》を、元正天皇の養老元年（七一七）に多治比県守《たじひのあがたもり》を、聖武天皇の天平四年（七三二）に多治比広成《たじひのひろなり》を遣わされたから、わが日本《やまと》の号の彼の方に伝わる機会も決して少なくはなかった。必ずしも彼の方の史籍のみによって、その年代を考証する必要はないように思う。

唐の杜佑は徳宗の貞元十七年（八〇一）に通典《つてん》を上《たてまつ》った。貞元十七年はわが延暦二十年に相当するのである。それには、

倭一に日本と名づく、自ら云ふ、国日辺に在り、故に以ちて称と為す、武太后の長安二年、其の大臣朝臣真人を遣はして方物を貢す、

とあり、かの長安二年（七〇二）はわが大宝二年で、大臣朝臣真人は粟田真人であろう。これは大宝

元年の遣使のことをいっているのである。旧唐書の日本伝はこの記事をそのまま承けているのである。新唐書には、

天智死し、子天武立ち、子摠持立つ、咸亨元年使を遣はして高麗を平げしことを賀す、後稍く夏音に習ひ、倭の名を悪みて、更めて日本と号す、使者自ら言ふ、国日の出づる所に近し、以ちて名と為す、

とあり、総持というのは持統天皇の御事を誤り伝えたものであろう。しかるにかの咸亨元年（六七〇）はわが天智天皇の九年に当る。高麗が唐に攻められた時は、わが国からは援兵を送ったほどであり、唐が高麗を平げたからといって、わが国から賀使を遣わしたことはない。日本書紀によると、唐が百済を平げてから、唐の鎮将劉仁願がその部将をわが国に遣わして物を献じ、わが方からもその使者に物を賜わり、その後もしばしば鎮将との間に往復がある。賀使一件はそれらのことをいうのであろう。橋本氏は旧唐書では高宗の永徽四年（六五三）までを倭国伝に入れているといわれたけれども、その事実は無く、倭国伝の記事は太宗の貞観二十二年（六四八）に新羅に附して表を奉ったとあるのが最後である。同書の日本伝は今も述べたように通典の記事を承けているので、それゆえ岩井氏は日本号は旧唐書では貞観二十二年から長安三年（通典の長安二年を旧唐書では三年に作る）までの間とし、新唐書では咸亨元年よりやや後のこととしているといわれた。貞観二十二年はわが大化四年、長安三年

は文武天皇の大宝三年、咸亨元年はそれよりも前、天智天皇の九年のことであるから、日本の号が大化のころから始まったとすれば、これとは必ずしも衝突しないのである。それよりも旧唐書でも新唐書でも、これよりやや後年の撰であるうえに、わが国に関することは、伝聞の説が多く、記事はなはだ該実せず、正確さに乏しいから、これはあまり問題とするに足らないだろうと思う。いわんや朝鮮の三国史記や東国通鑑などは、はるかに後年の書で、その記事も皆シナの史籍から承けて、それを焼直したものに過ぎないのだから、なおさら問題ではない。どうも外国の史料というものは、甚だ心細いものである。

以上で(1)わが国で日本と号するのは自称か他称かの問題、(2)これは異国に示すための名だということ、(3)日本の字義、(4)やまとの枕詞説、(5)国号として用い始めた時期などについて説明した。これで大方日本号の考証は済ませたことと思う。

ひのもと

あすかという地名に枕詞の飛鳥と書き、かすがという地名に枕詞の春日と書く。これは地名を枕詞で代用する例であって、このことは秋津島、敷島のところでも述べたことである。それと同じことはひのもとのやまとについてもいえることであろうと思う。すなわちひのもとをもってやまとに代用し、わが国のことを直ちにひのもとというようになった。拾遺和歌集に平兼盛の弟の歌に「清慎公の家さぶらひに、ともしびのもとに桜の花を折りてさし侍りけるを、よみ侍りける」として、

日の本に　さける桜の　色みれば　人の国にも　あらじとぞおもふ

とあり、これは日の本に灯の下をかけたのであるが、ともかくも日の本をわが国の名に独用したものである。清原元輔の集に「実資の朝臣子生ませて侍りし七夜」として、

日の本を　おしろやすくぞ　思ひぬる　国の乳ぶさの　たのもしきかな

とある。兼盛の弟というのも元輔も、ともに同じころ、すなわち朱雀天皇、村上天皇両朝の人である。これよりやや後れて世に出た今昔物語の「新羅の后国王の咎を蒙り、長谷の観音の助を蒙りし語」という物語の内に、

此ノ国ヨリ東ニ遙ニ去テ、日ノ本ト云フ国有ナリ、

とあり、入宋の求法僧成尋の母が成尋に与えた歌に、

もろこしも　あめのしたにぞ　ありときく　この日のもとは　忘れざらなん

というのも、人々の間に広く聞えたものである。このひのもとということは中世になれば極めて普通の例となる。

日本の二字は宣長を初め、もとは音読したろうという人は多いけれども、これはやまとの枕詞であ

ったとすれば、勿論ひのもとのと訓読したのに相違ない。しかし、これをもって異国の人に対したとすれば、その人々は音読したのであろう。伊吉連博徳書《いきのむらじはかとこのしょ》に日本の字面が見えているということは前に述べたが、それには、

三十日、天子相見し、問説ひたまひけらく、日本国天皇平安なりや不やと、

とあり、むこうの天子、すなわち唐の高宗は勿論字音のままでいったに相違ないが、博徳の報告書においても、おそらく音読せしめたのであろう。日本書紀の白雉五年（六五四）二月の条の遣唐使の記事の中に、

是に於いて東宮監門郭文挙悉に日本国の地理及び国初の神名を問ふ、皆問ふに随ひて答ふ、

とあり、日本書紀では日本を皆やまとと読ませるつもりであるが、これはおそらく音読せしめたものであろう。続日本紀文武天皇慶雲三年（七〇六）七月朔の条、遣唐使粟田真人の帰朝報告の記事に、

初め唐に至りし時、人有りて来りて問ひて曰はく、何処の使人ぞと、答へて曰はく、日本国の使と、

とあり、これも多分音読せしめたものであろう。奈良朝時代のころから、例えば懐風藻に大神高市麻呂《おおみわのたけちまろ》を神納言《しんのうごん》といい、藤原不比等《ふじわらのふひと》を藤太政《とうだいせい》といい、また皇太子を龍楼といい、左大臣を左僕射《さぼくや》というように、姓名や官職をシナ風に修することが始まったが、この傾向は平安朝時代になると一層ひどく

なる。山城国を雍州、甲斐国を甲州、美作国を美州という。延喜以後になると、いわゆる唐官名ということが一般に行なわれ出して、何でも官職名をシナ風に呼び、それを知らなければその時代の記録や文書の意味を理解できないほどである。このころわが国の号を単に枕詞のひのもとといい、それをさらに音読するようになった。日本書紀の名は元来はやまとぶみといわれたのであろうが、いつとはなく音読してにほんぎといわれるようになった。紫式部日記によると、式部は人々からにほんぎの御局といわれたという。延暦年間に撰上せられた続日本紀《しょくにほんぎ》、あるいはその後の日本後紀《にほんこうき》、続日本後紀などども音読せられたのであろう。

大日本

日本書紀天智天皇二年（六六三）八月の条に、百済が新羅に攻められた時に、王が諸将に謂った言葉として、

今聞く、大日本国の救将盧原の君健児万余を率ゐて、正に当に海を越えて至るべし、願はくは諸将軍等応に預め図れ、

といったとあり、これより先継体天皇二十四年九月の「吉備の韓子那多利斯布利を殺す」という条の古注に、

大日本の人蕃を娶りて生める所を韓子と為すなり、

とあり、この注は後人の加えたものであるが、書紀撰上からあまり隔たらないころのものである。これらの大日本というのはやまとを大倭と書くように、大日本とあっても、やはりやまとと訓ませたものであろう。しかるに弘仁年間、奈良薬師寺の僧景戒が、

大日本国現報善悪霊異記

という書を著わした。この大日本は音読したものと思われる。やや後年になると、朝《ちょう》野《や》群載《ぐんさい》にある藤原正家が堀河天皇の奉為《おんため》に作った尊星王供の告文に、

維《こ》れ康和二年（一一〇〇）歳庚辰に次《やど》る十月の朔《ついたち》甲午の十一日甲辰、南瞻《なんせん》部《ぶ》州《しゅう》大日本皇帝諱謹み敬みて白さく、

とあり、このころの祭文や都状などにはほとんど大日本国とある。また今昔物語巻十一の「行基菩薩仏法を学し人を導きし語第二」の章に、

今昔、大日本国ニ行基菩薩ト申ス聖《ひじり》在リ

ともある。この大日本国は勿論音読せられたもので、そしてその大はいわゆる美茂の辞、褒め言葉で、唐を大唐とか巨唐とかいうのと同じである。藤原頼長の日記台記久安四年（一一四八）四月二十三日の条に日本書紀を大日本紀といっている。この後中世になって、わが国は大日の本国であるから大日

本国というなどという説が行なわれたことは前に述べたとおりであるが、これも大日本を音読していた証である。

にっぽんかにほんか

中世になってからは、よほどの擬古文でもない限りは、総国の名をやまとということはもはやなくなって、一般に日本の二字を音読するようになり、近世を通して現代までもそのとおりである。今ではこの日本というのをにっぽんというのとにほんというのと二通りの読み方がある。以前はあまりこういうことを気にしなかったが、近ごろになって、わが国の正式の名称が二通りにあるのは不都合である。またたとえ二通り行なわれていても、どちらかを他所行の正式の名称と決定しなければならないと、やかましく議論せられるようになった。この問題が大きく燃え上ると、堂々たる国語の学者が、わが国の正式の名は日本と書くのであって、それをにっぽんと読んでも、またにほんと読んでも、それはどちらでもよろしいと、水を注した人もあったが、その考えはおかしいので、国号といっても一つの言語であって、言語の本体は音声であり、口から耳に伝えるもので、物に書いて目に訴えるのは仮りの姿である。口で二色に唱えるならば、できることならばそれを一定し、あるいは少なくもその間に正潤を定めようというのは当然の要求でなければならない。これを歴史的にあるいは語源的に考えるならば、勿論にッぽんという方が古いのである。日という文字は入声でにッとかじッとか促《つま》って読まれるのである。本の字の古い音はぽんで、両唇を結んで出し、今日のようにほんと喉から出すのではなかった。奈良朝時代のころから、ふぉんと両唇をつぼめて出すようになったと考えられている。それでも喉から出すようになったのはおそらく近世になってからのことであろうといわれている。前にしばしば引き合に出した日本書紀のことを今日では一般ににほんしょき、あるいはにほんぎといわれているが、これは何時ごろからのことであろうか。紫式部をにほんぎの御局といわれたということを前に述べたが、そのことをかいてある紫式部日記は古抄本は無く、刊本では日ほんきのお局と書いてある。実をいえばこれは仮名で書いてあっても、当時の発音を知るよすがにはならないのである。中世になればこれの参考になる資料は幾分か多くなってくるようだが、漢字で書いてあるものは勿論用には立たないし、にほんと仮名で書いてあっても、当時はまだツという促音の音符は発達していないから、実際に口でにッぽんといったかにほんといったか確かなことはわからない。ツという促音の音符、ンという撥る音の音符は中世にはすでにあったようだけれども、厳密に使用せられていない。濁点も平安朝時代の末のころから声符として発達し始め、近世には多く用いられていたが、明治になって新しい教育が行なわれるまでは丁寧に使用せられていない。それだから仮名で書いてあっても必ずしも証拠とはならないのである。中世では日本一という言葉がひどく流行した。謡曲の鉢の木でも知られるように、謡曲ではこの日本一というのをにッぽんいちと唱うのである。口言葉は時代によって移り変わりがあるけれども、謡い物の言葉は比較的に古い姿が遺るのである。当時の起請文にも必ず日本国中の大小の神祇と書かれてあるが、これは口ではにッぽんこくぢゅうと読むのである。こういういいならわされた言葉にも古い面影が窺われる。守武千句に、

日ほんに　ほとゝぎす鳴く　こゑはして

という句がある。これは俳諧の連歌であるから、日ほんは五音に読まなければならないので、これもにッぽんといったことが知られる。どうもこのごろはにッぽんというのがどうも多かったのではなかろうか。

ところが天正十八年（一五九〇）四月十三日、豊臣秀吉が小田原の陣から北の政所高台院に宛てた自筆の消息に、

二ほん三ふん一ほと候まゝ、このときかたく、としをとり候ても申つけ……

とあり、日本の日字を数字の二で書いている。これは万事早速な秀吉らしい仕方でおもしろいが、ともかくもこれはにほんといった証拠である。一五九二年すなわちわが文禄元年に天草の耶蘇会の学林から出版した平家物語に、

NIFON　の言葉とイストリアを習ひ知らんと欲する人の為めに、世話に和らげたる平家の物語

とあって、これはローマ字で示してあるのだから、疑うところなくにほんといった証である。しかしその翌年に版になった伊曾保物語には、

ラチンを和して Nippon の口となすものなり、

とある。松永貞徳の犬筑波集にも、

日本のものゝ　くちのひろさよ

という句がある。日本のものの は七音に読まなければならないのだから、これもにほんといった例である。このころでもにほん、にっぽん両用だけれども、にほんというのがおいおい目に付いてくる。しかしこれは必ずしも近世になってからにほんということが始まったというのでもないのであろう。謡曲にもにほんと謡う場合があるという人がいる。私はまだ気が付かないが、中世にもにほんということがあったかも知れない。また近世になってはすべてにほんというわけでもない。人々のしばしば持ち出す例だが、江戸にも大阪にも日本橋というのがあり、江戸ではにほん橋というが、大阪ではにッぽん橋という。近世でも今日と同じくにッぽんとにほんと両存なのであろう。ケムペルの日本史には「最も普通に、また最もしば〲、書く時にも会話にも、Nippon といふのが用ひられるが、時にはや〻高尚な仕方で、また特殊の人々には Nifon と呼ばれる」といっているが、果してにほんという方が高尚なのであろうか。今まで述べたのは例が少なくて、人々に明瞭に得心させるに足らない、も

少し引証該博、華々しく論陣を張ればよいのだろうが、このうえ少しばかり例を集めてみたところで結局は同じことであって、この問題はさかのぼって由緒を訪ねることだけでは解決しないのである。私どもの若いころにもこれを問題にする人があって、その都度、紙幣にNIPPON GINKOとあるではないかといって、それで万事が決定したようにいったものであるが、それはただ日本銀行だけの一例であって、そんなことでは問題はかたづかないのである。言語というものはたえず変遷するもの、これはどうにも致し方のないことであって、語源がどうであっても、どういう由緒があっても、時の教養ある人が多数に口にするもの、それは大勢であって、由緒や語源などは到底それには抵抗できないのである。国号問題でも多数の人がにッぽんといい、あるいはにほんといえば、それでどうにも致し方がなく、それに従わなければならないのである。しかし実際に多数の人がどういっているか、にッぽんという方が多いか、にほんという方が多いか、それを調査することは甚だむずかしいのである。近ごろ、政府でもこの問題を決定して法制化しようとして、内閣広報室をしてその基礎資料を調査せしめ、同室は昭和三十八年八月二十七日その調査の結果を発表した。その調査方法は層化副次無作為抽出法とかいうことで、各階層から、男女二十歳以上の人三千人を選出して、(1)自分はにッぽんといっているか、にほんといっているか、(2)正式の称呼としてはどちらがよいか、(3)国名を法制化することに賛成かどうかということを調査したのであるが、その結果は、(1)ではにほんという人が六割、にッぽんという人が四割、それも若い人ほどにほんというのが多いということである。また日本語、日本人という場合にはにほんという人が多く、大日本、全日本という場合にはにッぽんという人が多いということである。(2)ではにッぽんがよいというもの三六％、にほんがよいというもの三三％、それも若い人ほどにほん党である。(3)では賛成する人が三九％、必要無しという人が三〇％であるという。

この無作為抽出法というものはどれほどの確率を示すものか、あるいは今一度他の人々を選出して調査すれば多少違った数字が出るかもしれない。また三千人を三万人にすればまた多少様子が変わるかもしれない。しかしこの調査の結果は大体半数づつを上下しているので、再び調査をやり直しても、多少の数字は動いても、この線は大きく動かないであろう。考えてみれば半数の線を上下しているということは調査の効果があまり大きくなかったということになるのではなかろうか。私どもの希望からいえば、わが国民が一つの国号を持つということは甚だ望ましいことであって、今後そういう方向に人々の心が傾むいて行くような運動が起こってくれば甚だ悦ばしいことと思う。そういうことは到底できることではないと考えられるかもしれないが、今の教育とジャーナリズムとは甚だ大きな威力をもっているので、教員と記者とが心を一つにしてその気になれば決してやれないことではないと思う。それにはまず、やはりにッぽんの方向に動くのか、にほんに向うのかを決定しておかなければならない。その場合まず歴史家と国語学者との意見を参考することも必要であろう。また内閣広報室の調査のようなこともしばしば繰り返すことも重要であろう。昭和四十年十月の新聞によると、各国で郵便切手に国名を表記することになって、わが国ではそれをNIPPONとした。それを期として、総理大臣は総理府にこの問題を調査するように命じたという。内閣広報室では以前から調査していたはずなんだが、またやり直さなければならなくなったのであろうか。こういう風だから、この問題はなかなかむずかしくて、急には埒が明きそうにはない。

日域

日本後紀によると、延暦十五年（七九六）十月十五日、今度渤海国が上《たてまつ》った国書は首尾礼を失わず、誠款が詞に現われているというので、群臣が表を上って慶賀した、その表に、

巨神等言《まう》す、臣聞く、大人時を馭するに、徳を以ちて本と為し、明王世に応ずるに、遠きを懐くること是れ崇ぶ、故に殷代則ち四海仁に帰し、周日則ち九夷軌に順ふこと有り、伏して惟《おもん》みるに、天皇陛下、天を仰ぎて憲を作し、地を握りて規を成す、日域を窮めて声を纂《つ》ぎ、風区に布《し》きて化に向かふ、誠に以ちて千帝を孕育《よういく》し、百王を巻懐《けんくわい》すべし……

とあって、ここに日域とあるのは日本の域内ということであろうが、ただ日本というのと同じほどの意に用いているのである。また朝野群載にある大江匡房《おおえのまさふさ》の対馬貢銀記というものに、

欽明天皇の代、仏法始めて吾が土に渡る、此の島に一比丘尼《びくに》有り、呉音《ごおん》を以ちて之れを伝ふ、茲れに因りて日域の経論皆此の音を用ふ、故に之れを対馬音と謂ふ、

と、これもわが国のことを日域といっている。この後日域のことを言うもの、多くこの対馬貢銀記を引くのである。この日域はじちいきと訓んで、後にも僧家の書いたものに往々この号が見えている。

文選《もんぜん》の楊雄の長楊賦に、

　迺ち萃然として南山に登り、烏弋を瞰ろし、西、月䶵を圧し、東、日域を震す

といい、鮑照の舞鶴賦に、

　蓬壺を指して翰を翻し、崐閬を望みて音を揚げ、日域を匝りて以ちて廻に鶱せ、天歩を窮めて高く尋ね

とあり、往時文選がひどく読まれたから、日域の号は、あるいはこの辺にもとづいているのかも知れないが、文選の日域というのは日本ということではなく、日辺、すなわち日のある高いところということで、楊雄は漢代、鮑照も六朝の人で、当時勿論日本の号はあるはずはないのである。しかし、わが朝の先人はこれを誤解したのかも知れない。

日　東

唐人はまたわが国を日東といった。これは本邦は彼らから見れば東方にあるからである。三体詩の鄭谷の「日東の鑒禅師に贈る」という詩に、

故国に心無く海潮を渡る　老禅の方丈中条に倚る　夜深く雨絶え松堂静に　一点の山螢寂寥を照らす

というのがあり、又項斯の「日東病僧」という詩に、

雲水帰路絶え　来たりし時は風船を送る　身後の事を言はず　猶ほ病中の禅に坐す　深壁燈影を蔵し　空窻艾煙を出す　已に郷土の夢無く　塔を寺門の前に起つ

というのがある。三体詩は宋の周弼の撰であるが、この詩の作者はともに唐人であり、この日東というのは、詩意を案じても日本のことであるのは明らかである。文苑英華に収めたものにも、楊夔の「日東僧の天台に遊ぶを送る」という詩に、

一瓶日外を離れ　行きて赤城の中を指す　重雲の下より去り　積水の東より来る　蘿を攀じ石径を躋り　錫を挂めて松風に憩ふ　首を廻せば鶏林の道　唯だ夢想のみ通ふべし

というのがあり、また沈頌の「金文学の日東に還るを送る」という詩に、

君の家は東海の東　君去ること秋風に因る　漫々として郷路を指し　悠々として夢中の如し　煙霧孤島に積り　波濤大空に連る　倹を冒して懼れざるべし　皇恩爾が躬に措く

というのがある。文苑英華は宋の太祖の撰であるが、これも詩の作者は唐人である。この日東というのはわが方ではあまり真似をしなかったが、ただ妙心寺にある花園天皇の宸影の後花園天皇の御賛に、

如来の正法を伝へ　玉鳳禅宮に坐す　稽首す花園帝　万年日東を護る

とある。これも当時三体詩を愛読した禅僧、たとえば妙心寺の雪江宗深などが作進したものではなかろうか。

また貝原益軒の和爾雅《わじが》によると、シナ人はわが国を烏卯《うぼう》といったという。私はその用例をしらないが、善無畏碑《ぜんむいひ》というものに見えているということである。烏というのは日の中に三脚の烏がいるというので日のこと、卯は十二支では子を北とし、卯を東に充てる、すなわち烏卯とは日東というシナ人の洒落である。

天台僧永超の東域伝燈目録というものがあって、続群書類従に収められている。これは日本の仏書目録で、東域というのは日東と日域とを合糅《ごうじゅう》したものであろうが、朝鮮人が東国通鑑とか東国文献通考とか、自分の国を東国といっているのが連想せられて、甚だおもしろくない書名である。

ジァパン

欧米人はわが国をジァパン Japan と呼ぶ。それは日本の二字のシナ音の訛ったものである。彼らは初めてわが国のことを知ったのはマルコ・ポロの書、俗にいう東方見聞録というものによったので、それがおそらく最初なのであろう。それには Zipangu とある。これはマルコ・ポロが十四世紀の初めに人に話したことをフランス語で綴ったものという。しかしそのラテン語の訳本には Cyampagu とあり、ポルトガル語の訳本には Cipangu とあるということである。マルコ・ポロの書にはいろいろ異本があるらしいが、私はどれも見ていない。ここに述べているのは孫引きに過ぎないのである。マルコ・ポロは日本には来ず、人の話を聞いたばかりだということであるから、Zipangu といい、あるいは Cyampagu, Cipangu というのはおそらく日本国三字の対音であろうが、当時の字音を正しく写しているかどうかわからない。その後わが国と西欧との関係はしばらくとだえていたが、天文十二年（一五四三）にポルトガル人が種子島に漂着してから、また新しく開始せられ、同十八年に耶蘇会の宣教師フランシスコ・ザビエルが薩摩に来て、布教を始めてから、次々にその派の宣教師も、またフランシスコ派の宣教師なども来て、ようやく盛んに布教し、ついに通商も開始せられ、寛永の鎖国令が布かれるまでは、かなり広く門戸は開かれていたのである。そのころの宣教師らの報告書にはわが国の名をGiappone, Giapone, Iapão, Japon などと書かれている。これはおそらく日本の二字の南方のシナ音を写したものであろう。ケムペルによると、南京の住民および南方のシナではSijppon といったという。ジァイルスの漢英字典によると、日本の二字の広東音はyêtpun ということであるが、時代の差や、ロマナイズの異によって、いろいろに表現せられるのであろう。今日では欧洲南方の諸国では主としてJapon といわれ、スペインなどではそれをハポンと発音せられているが、北方諸国ではJapanといわれ、ドイツやオランダなどではヤパンと発音せられている。元和のころ平戸のイギリスの商館におったリチャド・コックスの日記にはまだJapon と見えているが、英語のJapan と綴られるようになったのは何年ごろのことであろうか。享保十三年（一七二八）に英訳で出版せられたケムペルの日本史にはすでにJapan とあり、それよりも少し先の正徳三年に書かれた、新井白石の采覧異言にもヤアパン日本と見えている。これはJapan のオランダ音であろう。

後記

近頃は仮名づかいも新しくなり、送り仮名も改められ、漢字の使用にも制限があって、それは国語をやさしく表記するためではあろうが、老人はそれには閑れないので、却ってむずかしくって、私の原稿にはいつまでも古い姿で物を書いている。吉川弘文館の編輯の方々は、それを気の毒がって、原稿に丁寧に筆を入れて下さったので、御蔭で新装して颯爽と登場することができた。其の御劬労を篤く感謝するのである。私は以前はそうでもなかったが、近頃は年と共に、活字の校正には手迷って、見落して困っている。殊に此の書物では衣裳を借着をしているので、他人の文章を校正しているようで、なかなか面倒であった。宮内庁の今江広道君、文化庁の山本信吉君が手つだって下さって、殊に引用文の原典までも調べて下さったので、無事に誤植も無く校了にすることができた。これもまた感謝しなければならない。此の書を出版するに当って、国学院大学の藤井貞文、林陸朗の両教授は始終尽力して下さったので、学校に籍のある頃に書いて置いた古い原稿も、漸く日の目を見ることができた。またまた深く感謝している。そして此の書の出版、装釘其の他についても、特別の配慮をして下さった吉川弘文館の吉川圭三社長にも重ね重ね感謝する。

『日本の国号』を読む

湯山賢一

わが国の国号「日本」は、明治二十二年（一八八九）公布の欽定憲法で「大日本帝国」が国号として定められたが、昭和二十一年（一九四六）公布の現行憲法により「日本国」が国号となり、その読み方は「ニッポン」「ニホン」が併用されて現在に至っている。しかし日本の国号がいつ、どのような理由で決められたかについては、巷間にはほとんど知られていない。

本書は、大正十四年（一九二五）から永年にわたり東京帝国大学史料編纂所に在って、史料編纂官として大日本史料第七編部を総《す》べられ、帝国学士院編『宸翰英華』の編纂から完成にも尽力され、昭和二十二年の史料編纂所退任前後から母校國學院大學史学科の主任教授兼図書館長として、戦後の國學院復興に尽瘁《じんすい》された故岩橋小彌太先生（一八八五〜一九七八）が、晩年に大学で講じられた国号論を、昭和四十五年に纏《まと》めて一書としたものである。

本書はマルクス主義歴史学が全盛の時代、実証主義史学の泰斗であった著者が、わが国の国号について、起源と意味、その由来等に関して歴史と文学の両面から古代より近代に至る諸学説を、史料を基に網羅的に紹介しつつ自己の見解を述べたもので、文中に読み下し文で引用される諸史料も今江広道、山本信吉両氏による綿密な校訂が加えられている。

著者は序文の中で本書の趣旨を「学問というものは、研究を積み重ねて次第に進歩するものであり、国号論も其の沿革の跡を辿って眺めなければならないものであろう。（中略）願わくは、故人の説々を追って、どういう所に問題があるのかを明らかにし、そして私どもの国の名を正しく理解して頂きたいと思う」と述べられている。

本書の構成は全体で十一段からなり、巻頭の「国号のいろいろ」で、わが国における国号の研究は、古くから『日本書紀』『古事記』『万葉集』以下の古典の研究に附随して興ったもので、近世には国学が主流となり、他方儒学側からの議論も行われるが、明治以降の国号論は純粋に史学の問題として行われるに至った概略にふれる。そして議論の俎上に上ったものから、美称や中国からみた東方の想像上の国土称や出所不明なものを除き五十種余に整理し、さらにこれを⑴葦原の中つ国　葦原の水穂の国、⑵秋津島、⑶敷島、⑷大八洲国、⑸やまと、⑹倭、⑺倭奴国、⑻倭面国、⑼邪馬臺国、⑽日本ひのもと、の十項目に分類整理して解説を加えている。

以下、日本の国号を考える上に直に関わりが深い「日本　ひのもと」を中心に見ていくことにする。

著者はまず「日本」の字義とその起源について、弘仁私記の序以来、わが国が東方にあり日の出る処は近いと考えられていることは、中国を宗主国とする属国的な考えで、わが国からみれば決して東方にはない。推古天皇の時の国書に「日出処の天子書を日没処の天子に致す」「東天皇敬しみて西皇帝に曰す」とあるのを例に、これが東方の証拠として論じられているが、これ自体はわが国と隋とを対比した表現で、自らを東の国といったのではなく、隋を日没処というのもわが国から見てのことである、と説く。

江戸の国学者荒木田久老は『続日本後紀歌考』で、「日の本はやまとの枕詞で、あすかに飛ぶ鳥という枕詞があるから飛鳥と書いてあすかと読ませ、かすがに春日という枕詞があるから、春日と書いてかすがと読ませるように、日の本のやまとというから、日本と書いてやまとと読ませるのである」といい、著者もこの説を採り、「日の本はやまとのやまにかかるので、朝なあさな日は山から出るから、日の本の山というのであろう」として、『浜松中納言物語』にある「日の本の　山より出でむ月見ても　まづぞこよひは　恋しかるべき」の歌を引いて、日の本の山を例に必ずしも東方にこだわる必要はない、と説く。

「日本」という国号がいつ頃から用いられるようになったか、について、本居宣長が『日本書紀』の孝徳天皇大化元年（六四五）秋七月丁卯朔丙子（十日）条に「高麗《こま》、百済《くだら》、新羅《しらぎ》並に使を遣して調を進まつった、巨勢《こせ》の徳太《とくた》の臣《おみ》が高麗使に詔を宣して、明神《あきつみかみ》と宇御《あめのしたしろ》しめす日本《やまと》の天皇《すめらみこと》の詔旨《おおみことらま》といい、また百済使に宣して、明神と宇御しめす日本の詔旨といった」と見えるのを、「これぞ新に日本といふ号を建て示したまへるはじめなりける」といったことに対して、著者は『日本書紀』には地名でも官名でも撰上された養老年間からそれを上古に遡って用いる史筆の癖があることを指摘し、「大化は何分世上の大きな建替の時期で、その時に目安を置くのはいかにも尤だと思われる」と説く。さらに『日本書紀』の古注の『伊吉連博徳書』以下に日本号が見えることを紹介し、「今日までは日本書紀の古注およびそれを引用したものも、皆日本書紀撰者の手に成ったもののように解せられてきたが、古注は一切撰者の与り知らないもので、一つの例外もなく皆編纂の関係者、あるいは後の研究者の追記したものである」「それゆえこれらに見える日本号は書紀本文の日本号とは違って、当時実際に行われていた跡を示すものである。すなわちこれらによれば日本号は正しく斉明天皇の御世までさかのぼれる。大化以前、推古天皇の御世に日本という名があったならば、恐らく日出処天子とか東天皇などとはいわれなかったのではなかろうか」と結んでいる。

外国の書で「日本」号の初見は、神亀五年（七二八）に来聘した渤海国使の表である。神亀五年は唐の玄宗の開元十六年に当たり、当時の唐で日本号が知られていたのを渤海が習ったもので、彼の地への日本号の伝わりには数次の遣唐使派遣と密接な関係があった。唐の杜佑が撰して貞元十七年（八〇一）に徳宗に上った『通典』には、

倭一に日本と名づく、自ら云ふ、国日辺に在り、故に以ちて称と為す、武太后の長安二年、其の大臣朝臣真人を遣はして方物を貢す、

とあって、大宝二年（七〇二）の粟田真人の遣唐使の時代には、日本号が明確にみえている。『旧唐書』日本伝はこの記事をそのまま承けたものであり、これに続く『新唐書』には

天智死し、子天武立ち、子摠持立つ、咸亨元年使を遣はして高麗を平げしことを賀す、後稍く夏音に習ひ、倭の名を悪みて、更めて日本と号す、使者自ら言ふ、国日の出づる所に近し、以ちて名と為す、

とあって、総持は持統の誤りで咸亨元年は天智天皇九年（六七〇）に当たり、記事に見えるような高麗側に援兵を送った日本が賀使を遣したことはなく、唐が百済を平げた後に、唐の鎮将とわが国の間に往復があり、おそらく賀使の一件はそのことをいうのであろう、と指摘されている。

さらに、著者は「旧唐書でも新唐書でも（中略）わが国に関することは、伝聞の説が多く、記事ははなはだ該実せず、正確さに乏しいから、これはあまり問題とするに足らないだろうと思う。いわん

や朝鮮の三国史記や東国通鑑などは、はるかに後年の書で、その記事も皆シナの史籍から承けて、それを焼直したものに過ぎないのだから、なおさら問題ではない。どうも外国の史料というものは、甚だ心細いものである」と述べられている。

「日本」は宣長以下これを音読したとする人が多いが、「これはやまとの枕詞であったとすれば、勿論ひのもとと訓読したのに相違ない。しかし、これをもって異国の人に対したとすれば、その人々は音読したのであろう」とされ、『伊吉連博徳書』に「三十日、天子相見し、問説ひたまひけらく、日本国天皇平安なりや不やと」とあるを、「唐の高宗は勿論字音のままでいったに相違ないが、博徳の報告書においても、おそらく音読せしめたのであろう」とし、『日本書紀』白雉五年（六五四）二月条の遣唐使の記事に「是に於いて東宮監門郭文挙悉に日本国の地理及び国初の神名を問ふ、皆問ふに随ひて答ふ」とあるのも、「日本書紀では日本を皆やまとと読ませるつもりであるが、これはおそらく音読せしめたものであろう」と解し、『続日本紀』文武天皇慶雲元年（七〇六）七月朔条の、『通典』にみえる遣唐使粟田真人の帰朝報告記事に、

初め唐に至りし時、人有りて来りて問ひて曰はく、何処の使人ぞと、答へて曰はく、日本国の使と、

とあるのも音読せしめたものであろうとする。そして、この奈良時代から姓名や官職を唐風にするこ

とが始まったが、その傾向は平安時代になるとより顕著になり、それを知らなければその時代の記録や文書の意味を理解できないほどとなった時代背景にふれ、「このころわが国の号を単に枕詞のひのもとといい、それをさらに音読するようになった。日本書紀の名は元来はやまとぶみといわれたのであろうが、いつとはなく音読してにほんぎといわれるようになった。紫式部日記によると、式部は人々からにほんぎの御局といわれたという」と述べている。

また「大日本」も中世には大日の本国であるから大日本であるとの説が行われているが、本来はやまとを大倭と書くようにやまとと読ませたものである、とされ、平安時代後期には祭文や都状などの文言に大日本国とみえるのは、美茂の辞、褒め言葉で音読されたものである、と結ばれている。

以上、本書は日本の国号を考えるために必要な基本的知識を読者に提供してくれる著作であり、国号を考える上に必携の書といえよう。刊行の時代背景を顧みると、正に吉川弘文館でなければ上梓されることはなかった本である。

（東大寺ミュージアム館長）

本書の原本は、一九七〇年に吉川弘文館より刊行されました。
なお復刊に際し、本文中の表現は当時のままといたしました。

著者略歴

一八八五年　大阪に生まれる
一九〇七年　國學院大學国語漢文科卒業
東京帝国大学史料編纂官、國學院大學教授、明治大学教授、文化財専門調査委員などを歴任。
文学博士
一九七八年　没

〔主要著書〕
『日本舞踏史』（国史講習会、一九二二年）、『史料採訪』（大日本出版社峯文荘、一九四四年）、『日本芸能史』（芸苑社、一九五一年）、『上代史籍の研究』一・二（吉川弘文館、一九五六・五八年）、『花園天皇』（人物叢書、吉川弘文館、一九六二年）、『律令叢説』（吉川弘文館、一九七二年）

読みなおす日本史

日本の国号

二〇二五年（令和七）二月一日　第一刷発行

著　者　岩橋《いわはし》小弥太《こやた》
発行者　吉川道郎
発行所　株式会社　吉川弘文館
郵便番号一一三—〇〇三三
東京都文京区本郷七丁目二番八号
電話〇三—三八一三—九一五一〈代表〉
振替口座〇〇一〇〇—五—二四四
https://www.yoshikawa-k.co.jp/
組版＝株式会社キャップス
印刷＝藤原印刷株式会社
製本＝ナショナル製本協同組合
装幀＝渡邉雄哉

ISBN978-4-642-07803-0

読みなおす日本史

刊行のことば

現代社会では、膨大な数の新刊図書が日々書店に並んでいます。昨今の電子書籍を含めますと、一人の読者が書名すら目にすることができないほどとなっています。ましてや、数年以前に刊行された本は書店の店頭に並ぶことも少なく、良書でありながらめぐり会うことのできない例は、日常的なことになっています。

人文書、とりわけ小社が専門とする歴史書におきましても、広く学界共通の財産として参照されるべきものとなっているにもかかわらず、その多くが現在では市場に出回らず入手、講読に時間と手間がかかるようになってしまっています。歴史の面白さを伝える図書を、読者の手元に届けることができないことは、歴史書出版の一翼を担う小社としても遺憾とするところです。

そこで、良書の発掘を通して、読者と図書をめぐる豊かな関係に寄与すべく、シリーズ「読みなおす日本史」を刊行いたします。本シリーズは、既刊の日本史関係書のなかから、研究の進展に今も寄与し続けているとともに、現在も広く読者に訴える力を有している良書を精選し順次定期的に刊行するものです。これらの知の文化遺産が、ゆるぎない視点からことの本質を説き続ける、確かな水先案内として迎えられることを切に願ってやみません。

二〇一二年四月

吉川弘文館